Von Romulus zur Republik

Livius, Ab urbe condita

Erste Dekade

bearbeitet von
Michael Lobe

C.C. BUCHNER VERLAG

Lektüreklassiker fürs Abitur

Herausgegeben von Michael Lobe

Heft 15: **Von Romulus zur Republik. Livius, Ab urbe condita. Erste Dekade**
wurde bearbeitet von Michael Lobe

1. Auflage, 1. Druck 2023
Alle Drucke dieser Auflage sind, weil unverändert, nebeneinander benutzbar.

Dieses Werk folgt der reformierten Rechtschreibung und Zeichensetzung. Ausnahmen bilden Texte, bei denen künstlerische, philologische oder lizenzrechtliche Gründe einer Änderung entgegenstehen.

Lektorat: Laura Kampmann
Layout und Satz: ideen.manufaktur, Bochum
Druck und Bindung: mgo360 GmbH & Co. KG, Bamberg

www.ccbuchner.de

ISBN 978-3-661-**53075**-8

Inhaltsverzeichnis

Vorwort

Mit Livius lernen Sie einen Autor kennen, der in einer Umbruchszeit, an einer Epochenschwelle lebte - in einer Zeit zwischen dem Untergang der alten Republik, in der Senat und Volk über Jahrhunderte erfolgreich die Geschicke des Staates gelenkt hatten, und dem Beginn der Kaiserzeit mit der Alleinherrschaft des Kaisers Augustus. Livius' Geschichtswerk ist durchdrungen von der Spannung zwischen alter und neuer Welt und deshalb ein besonders reizvolles, interessantes Zeitdokument.

Einstieg in die Lektüre

Livius - Leben und Werk

Titus Livius wurde 59 v. Chr. in Patavium (dem heutigen Padua) in Norditalien geboren und starb 17 n. Chr. auch dort. Als Sohn einer begüterten Familie erhielt er eine gediegene Ausbildung in Rhetorik und Philosophie.

Dass Livius nahezu die gleiche Lebensspanne wie Octavian, der spätere Kaiser Augustus (63 v. Chr. - 14 n. Chr.), hat, ist mehr als eine zufällige Übereinstimmung; sein Leben und sein Werk stehen ganz unter dem Eindruck der Ereignisse, die auch für Augustus prägend waren: der Bürgerkrieg zwischen Cäsar und Pompejus, die Ermordung Cäsars mit der Folge einer Dauerkrise der Republik, der Sieg des Augustus über Antonius, das Ende der Republik mit der Ausrufung des Prinzipats, die augusteische Politik der moralischen Erneuerung.

Livius ist ein glühender Verehrer der *res publica libera* und hat den großen Männern, die die Republik über Jahrhunderte mitgestalteten, in seinem Werk ein Denkmal gesetzt; nach dem Untergang der alten Staatsform hegte er die Hoffnung, dass sich mit der Kaiserherrschaft des Augustus alles zum Besseren wenden werde. Das war der konkrete Anlass dafür, dass Livius sich der Geschichtsschreibung zuwandte. Sein Werk *Ab urbe condita* („Von der Stadtgründung an") behandelte in 142 Büchern die Geschichte der Stadt Rom von der Gründung (angeblich 753 v. Chr.) bis zum Jahre 9 v. Chr. Entsprechend der römischen Tradition sind diese 142 Bücher nach Jahren gegliedert (annalistisches Prinzip). Von den 142 Büchern sind nur die Bücher 1-10 und 21-45 vollständig erhalten, von dem Rest (mehr als 3/4 des Gesamtwerkes) sind immerhin antike Inhaltsangaben überliefert, aus denen sich der Inhalt grob erschließen lässt.

Wenn Sie sich mit dem Geschichtswerk des Livius beschäftigen, sollten Sie beachten, dass sich antike, speziell römische Geschichtsschreibung von moderner Geschichtswissenschaft unterscheidet:

Römische Geschichtsschreibung ist nicht wissenschaftlich. Natürlich ist Livius Historiker und kein Dichter; gleichwohl beginnt er seine Darstellung mit der sagenhaften Frühzeit Roms, mit Göttern und mythologischen Gestalten wie Äneas, Romulus und Remus und anderen Helden der Sage. Anders als moderne Geschichtswissenschaft neigt er dazu, das Geschehen auf spannungsgeladene Einzelszenen zu reduzieren, es erzählerisch auszuschmücken und zu dramatisieren. Dabei kommt es ihm weniger auf historische Wahrheit und Richtigkeit als auf die künstlerisch-literarische Wirkung an.

Römische Geschichtsschreibung ist nicht objektiv. Geschichte ist nach Cicero (*de orat.* 2,9) eine „Lehrmeisterin für das Leben" (*historia magistra vitae*). In diesem Sinne geht es Livius primär darum, dem Leser zu zeigen, was man aus der Geschichte lernen kann. An ausgewählten Gestalten und Situationen versucht er exemplarisch zu zeigen, dass der Aufstieg Roms zum einen Wille der Götter und zum anderen eng mit zentralen römischen Werten verbunden war. Im Umkehrschluss erklärt Livius den Niedergang Roms, den er für seine Gegenwart zu erkennen glaubt, eben aus der Vernachlässigung dieser Werte und Tugenden heraus. Livius empfiehlt also - typisch konservativer Römer - ein Festhalten an den zentralen Wertvorstellungen.

Römische Geschichtsschreibung ist moralisierend. Livius und viele Intellektuelle seiner Zeit waren davon überzeugt, dass Rom in seiner idealisierten Frühzeit durch Werte und Ideale groß geworden sei: „Auf altbewährten Sitten und Männern ruht Roms Größe auf" (*moribus antiquis res stat Romana virisque*). So hat der Dichter Ennius (239–169 v. Chr.) diesen Gedanken auf eine knappe Formel gebracht, die geradezu als Motto für das Werk des Livius gelten kann.

Auch Kaiser Augustus versuchte, sein neues Staatsmodell auf den Wertvorstellungen zu gründen, denen Rom angeblich seine Größe verdankte: *fides* (Zuverlässigkeit), *pietas* (Frömmigkeit/Pflichtbewusstsein), *humanitas* (Menschlichkeit), *auctoritas* (würdevolles Auftreten), *virtus* (Tapferkeit/Tugend), *dignitas* (Würde), *clementia* (Milde). In diesem Kontext steht auch die Geschichtsschreibung des Livius. Durch historische *exempla virtutis* will er zeigen, wodurch Rom groß geworden ist und wie es nach dem verheerenden Bürgerkriegsjahrhundert wieder zu alter Eintracht kommen kann.

Marmorstatue des sog. Togatus Barberini; 1. Jh. n. Chr., Musei Capitolini, Rom

1. Legen Sie das Vorwort und den Einstieg in die Lektüre zugrunde und ergänzen Sie aus Ihrer persönlichen Geschichtsauffassung heraus die folgenden Sätze:
   - Moderne Geschichtsschreibung ist wissenschaftlich, weil ...
   - Moderne Geschichtsschreibung ist objektiv, weil ...
2. Untersuchen Sie, inwieweit beide Kriterien in der modernen Geschichtsschreibung umgesetzt werden, und diskutieren Sie Ihre Auffassungen im Plenum.
3. Ermitteln Sie das Bedeutungsspektrum der einzelnen Wertbegriffe, fassen Sie sie zu Gruppen zusammen (z.B. soziale Werte, militärische Werte, politische Werte usw.) und halten Sie Ihr Ergebnis in einem Schaubild fest.
4. Führen Sie während Ihrer Livius-Lektüre ein „Lesetagebuch" und halten Sie fest, welche Wertbegriffe Livius in den einzelnen Episoden behandelt oder visualisiert.

Praefatio

Livius führt ausführlich in sein Geschichtswerk ein (*praef.* Teil 1).

1 Ich weiß nicht, ob es der Mühe wert ist, wenn ich die Geschichte des römischen Volkes von Beginn an genau beschreibe, und wenn ich es wüsste, würde ich nicht wagen, es auszusprechen, da ich weiß, dass das Thema nicht nur alt, sondern auch überaus bekannt ist, weil neue Schriftsteller immer glauben, sie würden zur Geschichte irgendetwas noch besser Abgesichertes beitragen oder durch ihre Schreibkunst die Kunstlosigkeit der Vorgänger übertreffen. Wie auch immer: Es wird mir dennoch Freude bereiten, mit all den mir zur Verfügung stehenden Kräften selbst für die Erinnerung an die Taten des ersten Volks der Erde gesorgt zu haben, und wenn mein Name in einer so großen Masse von Autoren im Dunkeln bleibt, so will ich mich mit dem Ansehen und der Bedeutung derjenigen trösten, die meinem Ruhm im Wege stehen. Außerdem ist es ein Stoff von unermesslichem Umfang, da er über 700 Jahre zurückreicht und nach seinem Beginn aus bescheidenen Anfängen so angewachsen ist, dass er schon an seiner Überfülle leidet. Und zweifellos werden die ersten Ursprünge Roms und, was unmittelbar darauf folgt, für die meisten Leser weniger vergnüglich sein, da es sie zu den aktuellen Angelegenheiten hinzieht, in denen sich die Kräfte des schon seit langer Zeit übermächtigen Volkes selbst aufreiben. Ich werde nichtsdestotrotz diesen Lohn für meine Arbeit erstreben, dass ich meinen Blick von den schlimmen Dingen abwenden kann, die unsere Zeit so viele Jahre lang erlebt hat, gewiss immerhin für die Zeitspanne, in der ich all jene früheren Ereignisse im Geist vorüberziehen lasse, befreit von jeglicher Sorge, die das Gemüt des Schriftstellers wenn nicht von der Wahrheit abbringen, so doch beunruhigen können. Ereignisse, die vor Gründung der Stadt bzw. vor dem Plan ihrer Gründung eher durch dichterische Geschichten denn durch unverfälschte Geschichtsdenkmäler überliefert sind, will ich weder bestätigen noch widerlegen. Denn diese Rücksicht gewährt man der Vorzeit, dass sie den Ursprung von Städten erhabener macht, indem sie menschliche mit göttlichen Sagen vermischt. Und wenn es irgendeinem Volk erlaubt sein muss, seine Ursprünge unsterblich zu machen und auf die Götter als Urheber zurückzuführen, dann gebührt diese Ehre dem römischen Volk. (Übersetzung: M. Lobe)

Spanische Handschrift mit der *praefatio* des Livius (14. / 15. Jh.)

Livius fährt fort (*praef.* Teil 2).

W Erschließen Sie aus der Bedeutung des Verbs das davon abgeleitete Substantiv:
inire → initium - queri → querela

G **Optativ**
Übersetzen Sie: *Quisque mea verba audiat! Ex verbis fructum capias! Querelae absint!*

2 […] ad illa mihi pro se quisque acriter intendat animum, quae vita, qui mores fuerint, per quos viros quibusque artibus domi militiaeque et partum et auctum imperium sit; labente deinde paulatim disciplina velut desidentes primo mores sequatur animo, deinde ut magis magisque lapsi sint, tum ire coeperint praecipites, donec ad haec tempora, quibus nec vitia nostra nec remedia pati possumus, perventum est. Hoc illud est praecipue in cognitione rerum salubre ac frugiferum, omnis te exempli documenta in inlustri posita monumento intueri; inde tibi tuaeque rei publicae, quod imitere, capias, inde foedum inceptu, foedum exitu, quod vites. Ceterum aut me amor negotii suscepti fallit, aut nulla umquam res publica nec maior nec sanctior nec bonis exemplis ditior fuit, nec in quam <civitatem> tam serae avaritia luxuriaque immigraverint, nec ubi tantus ac tam diu paupertati ac parsimoniae honos fuerit. Adeo quanto rerum minus, tanto minus cupiditatis erat: Nuper divitiae avaritiam et abundantes voluptates desiderium per luxum atque libidinem pereundi perdendique omnia invexere. Sed querelae, ne tum quidem gratae futurae, cum forsitan necessariae erunt, ab initio certe tantae ordiendae rei absint. Cum bonis potius ominibus votisque et precationibus deorum dearumque, si, ut poetis, nobis quoque mos esset, libentius inciperemus, ut orsis tantum operis successus prosperos darent.

intendere animum: seine Aufmerksamkeit richten auf

dēsīdere: verfallen

sequī animō: (geistig) verfolgen

cōgnitiō, ōnis: Kennenlernen
salūber, bris, bre (← salūs): heilsam - **frūgifer, fera, ferum:** gewinnbringend
documentum: Zeugnis
inlūstris, e: leuchtend - **foedus:** widerwärtig - **inceptū:** zu Beginn
exitū: am Ende - **dītis, e:** reich
K. nec (ūlla cīvitās fuit), in quam …
sērus: spät
immigrāre: eindringen - **parsimōnia:** Sparsamkeit - **adeō** ~ nam - **rēs** *hier:* Besitz
abundāns, antis: übermäßig
K. dēsīderium pereundī perdendīque omnia per lūxum atque libīdinem
invehere (Perf. **invēxī**): mit sich bringen - *K.* querēlae, quae nē tum quidem grātae erunt, cum forsitan necessāriae erunt - **forsitan:** vielleicht
ōrdīrī: beginnen - **precātiō, ōnis:** Anrufung

prosperus: glücklich

1. Erstellen Sie eine grafische Analyse des Satzes Z. 4–8.
2. Arbeiten Sie die von Livius genannten Schwierigkeiten beim Verfassen eines Geschichtswerks sowie seine Motivation heraus (*praef.* Teil 1).
3. Stellen Sie zusammen, wie Livius die Größe der Frühzeit Roms und die Gefährdungen seiner Gegenwart beschreibt (*praef.* Teil 2).
4. Erfassen Sie in Partnerarbeit Darstellungsziele und Absicht seiner Geschichtsschreibung (*praef.* Teil 2).
5. Recherchieren Sie zum Selbstverständnis moderner Geschichtsschreibung und vergleichen Sie es mit dem des Livius.

1 Roms Anfänge und die Zeit der Könige

1.1 Die Gründung Roms: Ein gewaltsamer Beginn

Livius beginnt seine römische Geschichte mit der Flucht des Äneas aus Troja, der nach seiner Landung in Italien Kämpfe gegen die Ureinwohner führt und zum Stammvater eines Mischvolks aus Trojanern und Latinern wird. Sein Sohn Ascanius gründet die in der Nähe des späteren Rom liegende Stadt Alba Longa; nach seinem Tod herrschten seine Nachfahren über das Gebiet. Der letzte König hieß Proca; er hatte zwei Söhne: Amulius und Numitor ... (1,6,3–7,3)

T Recherchieren Sie arbeitsteilig zum Streit zwischen den Brüdern Amulius und Numitor, zu Geburt und Eltern des Romulus und Remus sowie zu ihrer Erziehung bei den Pflegeeltern Faustulus und Acca Larentia. Präsentieren Sie Ihre Ergebnisse vor der Lerngruppe.

3 Ita Numitori Albana re permissa Romulum Remumque cupido cepit in iis locis, ubi expositi ubique educati erant, urbis condendae. Et supererat multitudo Albanorum Latinorumque; ad id pastores quoque accesserant, qui omnes facile spem facerent parvam Albam, parvum Lavinium prae ea urbe, quae conderetur, fore.

Intervenit deinde his cogitationibus avitum malum, regni cupido, atque inde foedum certamen coortum a satis miti principio. Quoniam gemini essent nec aetatis verecundia discrimen facere posset, ut di, quorum tutelae ea loca essent, auguriis legerent, qui nomen novae urbi daret, qui conditam imperio regeret, Palatium Romulus, Remus Aventinum ad inaugurandum templa capiunt.

Priori Remo augurium venisse fertur, sex vultures; iamque nuntiato augurio, cum duplex numerus Romulo se ostendisset, utrumque regem sua multitudo consalutaverat: Tempore illi praecepto, at hi numero avium regnum trahebant. Inde cum altercatione congressi certamine irarum ad caedem vertuntur; ibi in turba ictus Remus cecidit.

Nachdem so dem Numitor die Herrschaft über Alba Longa zugestanden war, ergriff den Romulus und den Remus die Begierde, an den Orten, wo sie ausgesetzt und großgezogen worden waren, eine Stadt zu gründen. Und es war im Überfluss eine Menge an Einwohnern aus Alba Longa und Latinern da; auch Hirten waren hinzugekommen, die in ihrer Gesamtheit leicht die Hoffnung erweckten, dass Alba Longa und Lavinium klein sein würden im Vergleich zu der Stadt, die gegründet werden sollte. Diesen Überlegungen kam dann das großväterlich ererbte Übel dazwischen, Gier nach Königsherrschaft, und von daher entstand schändlicher Wettstreit aus einem eigentlich harmlosen Beginn. Da sie Zwillinge waren und nicht der Respekt vor dem Alter den Unterschied ausmachen konnte, und damit die Götter, unter deren Schutz diese Orte standen, durch Vogelzeichen bestimmten, wer seinen Namen der neuen Stadt geben solle, wer sie nach ihrer Gründung befehligen sollte, nehmen Romulus auf dem Palatin und Remus auf dem Aventin die Beobachtungsplätze für die Vogelschau ein. Man sagt, dass dem Remus früher eine Vogelsichtung zuteil geworden sei, sechs Geier; und als sich nach bereits erfolgter Vermeldung dieser Sichtung dem Romulus eine doppelte Anzahl gezeigt hatte, hatte die jeweilige Anhängerschaft beide als König begrüßt. Jene leiteten die Königsherrschaft aus dem Zeitvorsprung ab, die anderen jedoch aus der Anzahl der Vögel. Als sie nun im Wortwechsel aufeinander losgingen, lassen sie sich durch gegenseitiges Aufschaukeln von Wutausbrüchen zum Gemetzel hinreißen; dort im Trubel getroffen starb Remus.

Vulgatior fama est ludibrio fratris Remum novos transiluisse muros; inde ab irato Romulo, cum verbis quoque increpitans adiecisset, „Sic deinde, quicumque alius transiliet moenia mea," interfectum. Ita solus potitus imperio Romulus; condita urbs conditoris nomine appellata.

Verbreiteter ist das Gerücht, dass Remus zum Spott über die frischen Mauern des Bruders gesprungen sei; und dann vom zornigen Romulus erschlagen worden sei, nachdem er mit Worten laut scheltend hinzugefügt habe: „So soll es nun jedem anderen gehen, wer auch immer meine Mauern überspringen wird." So bemächtigte sich Romulus der Alleinherrschaft. Die gegründete Stadt wurde nach dem Namen ihres Gründers benannt. (Übersetzung: M. Lobe)

1. Arbeiten Sie mit Belegen die Motive der Zwillinge bei der Gründung Roms heraus.
2. Untersuchen Sie, ob das Verfahren zur Ermittlung des künftigen Königs in Livius' Darstellung nach objektiven Kriterien erfolgt.
3. Erstellen Sie aus dem Text eine Charakterbeschreibung der beiden Brüder.
4. Vergleichen Sie das Original mit der Übersetzung. Zeigen Sie an drei selbstgewählten Beispielen freiere Übertragungen auf und beurteilen Sie diese. Entwickeln Sie ggf. alternative Übersetzungsvorschläge.
5. Stellen Sie Textbelege zusammen, die eine Beschäftigung des Geschichtsschreibers Livius mit verschiedenen Quellen nahelegen.
6. Tragen Sie Anforderungen an ein Geschichtswerk zusammen.
   a) Diskutieren Sie im Anschluss, ob Livius' Darstellung diesen Anforderungen entspricht.
   b) Arbeiten Sie heraus, welchen Standpunkt Livius zum beschriebenen Geschehen einnimmt.
7. Notieren Sie unter Berücksichtigung der Geburtsgeschichte und des Verhaltens von Romulus ihre Assoziationen zur Fotomontage und stellen Sie diese vor.

1.2 Der Raub der Sabinerinnen: Eintracht aus Zwietracht

Die wegen des heimtückischen Raubs ihrer Frauen (→ T) zornigen Sabiner rüsten sich nach langem Krieg zur entscheidenden Schlacht. Die Heeresverbände stehen sich in einem Tal gegenüber, als Unerwartetes geschieht ... (1,13,1-5 m. Ausl.)

W Übersetzen Sie die folgenden Wendungen:
inter tela volantia - infestae acies - causa belli - foedus facere - pacem facere

T Recherchieren Sie zum sog. „Asyl des Romulus" und zum sabinischen Frauenraub. Erläutern Sie die Absicht hinter diesen beiden Entscheidungen des Romulus.

G ***ne* mit finaler Bedeutung • Dativus commodi • Gerundiv**
Übersetzen Sie: *Orabam te, ne me terreres. Hoc donum tibi emi. Hostes ad foedus faciendum conveniunt.*

4 Tum Sabinae mulieres, quarum ex iniuria bellum ortum erat, crinibus passis scissaque veste, (...) ausae se inter tela volantia inferre, ex transverso impetu facto dirimere infestas acies, dirimere iras, hinc patres, hinc viros orantes, ne sanguine se nefando soceri generique respergerent, ne parricidio macularent partus suos, nepotum illi, hi liberum progeniem: „Si adfinitatis inter vos, si conubii piget, in nos vertite iras; nos causa belli, nos vulnerum ac caedium viris ac parentibus sumus; melius peribimus quam sine alteris vestrum viduae aut orbae vivemus."

Movet res cum multitudinem tum duces; silentium et repentina fit quies. Inde ad foedus faciendum duces prodeunt. Nec pacem modo, sed civitatem unam ex duabus faciunt. Regnum consociant: Imperium omne conferunt Romam. Ita geminata urbe, ut Sabinis tamen aliquid daretur, Quirites a Curibus appellati.

quārum ex iniūriā bellum ortum erat: aus dem Unrecht an denen der Krieg ja entstanden war - **crīnibus passīs:** mit offenen Haaren - **sē īnferre:** sich hineinwerfen - **inter tēla volantia** → W - **ex trānsversō impetū factō:** durch plötzliches Hineinlaufen von der Seite - **īnfestae aciēs** → W - **respergere:** bespritzen
maculāre: beflecken - **partus, ūs** m: Neugeborenes - **adfīnitās, ātis:** Verwandtschaft - **cōnūbium:** Ehe
causa bellī → W - *K.* nōs causa bellī (sumus), nōs (causa) vulnerum ...
sine alterīs vestrum: ohne den jeweils anderen Teil von euch
repentīnus, a, um: plötzlich
foedus facere → W
pācem facere → W
cōnsociāre: gemeinsam machen, teilen - **gemināre:** verdoppeln
Curēs, ium: die Einwohner der sabinischen Hauptstadt

1. Nutzen Sie zum Verständnis von Z. 1–6 das Gemälde und erklären Sie anschließend auf der Grundlage des Textes die Details des Bildes.
2. Diskutieren Sie, ob das geschilderte Geschehen des Eingreifens von Frauen und die Reaktion darauf realen oder sagenhaften Charakter tragen.
3. Weisen Sie die Zerrissenheit der Sabinerinnen in Sprache und Stil von Z. 1–6 nach.
4. Erläutern Sie, inwiefern die Selbstzuschreibung der Sabinerinnen als *causa belli* (Z. 8) nur scheinbar richtig ist.
5. Recherchieren Sie zu Äneas und der Idee des römischen Mischvolks. Erläutern Sie die Parallele zu der hier geschilderten Episode. Beziehen Sie dazu auch den letzten Satz des Textes mit ein.

Jacques-Louis David (1748–1825): Die Sabinerinnen

1.3 Der Tod des Romulus: Attentat oder Auffahrt in den Götterhimmel?

Als Romulus eine Heeresmusterung auf dem Marsfeld abhielt, kam ein Unwetter mit Blitz und Donner auf, das den König in einer dichten Wolke verschwinden ließ. Die Soldaten glaubten den Senatoren, die sich in der Nähe des Romulus befunden hatten, dass der König durch den Sturm emporgerissen worden sei; einige begannen, ihn als Gott auszurufen, der immer sein gütiges Auge auf Rom werfen solle. Aber es gab auch andere Vermutungen über das plötzliche Verschwinden des Königs ... (1,16,3–8 m. Ausl.)

W Erschließen Sie die Bedeutungen aus den bekannten Wörtern in Klammern:
per-obscurus (→ obscurus) - admiratio (→ mirari) - nobilitare (→ nobilitas) - sollicitus, a, um (→ sollicitare) - hodiernus (→ hodie) - immortalitas (→ im-mortalis)

G **Abl. abs. • Jussiv**
Übersetzen Sie: *Civitate sollicitatā senator cives convocat. Primā luce eos hortatur: „Absint curae! Redeat fiducia!" Factā fide salutis cives contenti abeunt.*

5 Fuisse credo tum quoque aliquos, qui discerptum regem patrum manibus taciti arguerent; manavit enim haec quoque, sed perobscura fama; illam alteram admiratio viri et pavor praesens nobilitavit. Et consilio etiam unius hominis addita rei dicitur fides. Namque Proculus Iulius, sollicita civitate desiderio regis et infensa patribus, gravis (...) magnae rei auctor in contionem prodit. „Romulus" inquit, „Quirites, parens urbis huius, prima hodierna luce caelo repente delapsus se mihi obvium dedit. Cum perfusus horrore venerabundusque adstitissem petens precibus, ut contra intueri fas esset, ‚Abi, nuntia' inquit ‚Romanis caelestes ita velle, ut mea Roma caput orbis terrarum sit. Proinde rem militarem colant sciantque et ita posteris tradant nullas opes humanas armis Romanis resistere posse.' Haec (...) locutus sublimis abiit." Mirum, quantum illi viro nuntianti haec fides fuerit, quamque desiderium Romuli apud plebem exercitumque facta fide immortalitatis lenitum sit.

K. crēdō ... aliquōs fuisse, quī tacitī arguerent rēgem manibus patrum discerptum (esse) – **discerpere** (PPP **discerptum**): zerreißen – **arguere:** beschuldigen – **perobscūrus, a, um** → W – *K.* illam alteram (fāmam) admīrātiō ... nōbilitāvit – **admīrātiō** → W – **nōbilitāre** → W – *K.* et cōnsiliō ūnīus hominis fidēs reī addita (esse) dīcitur – *K.* ... cīvitāte sollicitā et īnfēnsā patribus dēsīderiō rēgis – **sollicitus, a, um** → W
dēsīderium: LW2 – **īnfēnsus, a, um** m. Dat.: aufgebracht gegen
hodiernus, a, um → W
venerābundus, a, um: voller Ehrfurcht

sublīmis, e: nach oben strebend
quantum *hier:* in welchem Maße

immortālitās, ātis → W
lēnīre: lindern, besänftigen

◆ **1.** Nennen Sie aus dem Text die erste Vermutung über Romulus' Todesart. Erläutern Sie, weshalb deren Vertreter *taciti* verfahren.

◆ **2.** Erschließen Sie die zweite Variante zum Tod des Romulus aus der Rede des Proculus.

◆ **3.** Beschreiben Sie mit Textbelegen die Gründe für den Erfolg des Proculus bei der Etablierung der zweiten Variante.

◆◆ **4.** Diskutieren Sie, welche der beiden Varianten zum Tod des Romulus Ihnen realitätsnäher erscheint. Beziehen Sie Livius' Kommentar dazu mit ein (Z. 15–17).

5. Erklären Sie vor dem Hintergrund von **i** die mögliche Subversivität von Livius' Darstellung der Himmelfahrt des Romulus. Denken Sie dabei auch an die Namenswahl Proculus Iulius.

6. a) Vergleichen Sie Romulus' Vermächtnis an die Römer (Z. 11-14) mit der sog. „Sendung Roms" aus Vergils *Äneis* (→ M).

   b) Erläutern Sie die Problematik der Ideologie beider Textpassagen.

7. Analysieren Sie, welcher Moment der Marsfeldepisode im Kupferstich dargestellt ist.

i Octavian und Proculus Iulius

Der kritische Leser konnte vielmehr im Apotheosemärchen des Proculus Iulius eine Parallele zu den Geschehnissen um die durch Octavian betriebene Vergöttlichung seines Adoptivvaters Cäsars sehen: Octavian hatte kurz nach dem Tode Cäsars im Jahre 44 v. Chr. Spiele für Venus Genetrix abgehalten, die Stammmutter der *gens Iulia*. Während dieser Spiele war sieben Tage lang ein Kometenschweif zu sehen, den Octavian als Seele des in den Himmel auffahrenden Cäsar interpretiert und zur Stärkung seiner Position propagandistisch genutzt hatte, indem er Münzen prägen ließ, auf denen er neben diesem Kometen, der als *sidus Iulium* bekanntgeworden ist, als der Sohn des Gottes Cäsar, als *Divi filius* firmierte. Das erzielte seine erwünschte Wirkung beim Volk, wie Plinius d. Ä. vermerkt: „Das einfache Volk glaubte, dass durch diesen Stern symbolisiert werde, dass die Seele Cäsars unter die unsterblichen Gottheiten aufgenommen worden sei." (M. Lobe: Die subtile Kunst der Entlarvung von Ideologien: Livius und Ovid als Aufklärer in augusteischer Zeit, in: R. Kussl (Hrsg.): Augustus: Kunst, Kultur und Kaisertum, Speyer 2015, S. 101)

M Der Herrschaftsauftrag Roms in Vergils *Äneis* (*Aen.* 6,851-853)

Tu regere imperio populos, Romane, memento
(hae tibi erunt artes), pacique imponere morem,
parcere subiectis et debellare superbos.

Matthäus Merian d. Ä. (1593-1650): Romulus wird in den Himmel entrückt, Kupferstich

1.4 Der Hochmut der Tarquinier: Königsdämmerung

Weil die Belagerung von Gabii durch die Römer ins Stocken geraten war, beschloss der römische König Tarquinius Superbus, die Stadt mit einer List einzunehmen. Er zog sich zum Schein zurück und beauftragte Sohn Sextus, sich in Gabii als Verfolgten auszugeben, der dort Zuflucht vor seinem Vater suche. Sextus erschlich sich das Vertrauen der Einwohner von Gabii und wurde zum Feldherrn gewählt. Er errang sich durch Erfolge in abgesprochenen Kleingefechten gegen die Armee seines Vaters Ansehen und wurde zum einflussreichsten Mann der Stadt. Nun schien ihm die Zeit für den geplanten Schlag gegen Gabii gekommen – er schickte einen Boten zu Vater Tarquinius nach Rom, um von ihm Weisungen für das weitere Vorgehen zu erhalten ... (1,54,6–10)

W Erschließen Sie die Bedeutungen aus den bekannten Wörtern in Klammern:
dubius, a, um (→ *dubitare*) – *responsum* (→ *respondere*) – *im-perfectus, a, um* (→ *perficere*) – *dulcedo, dinis* (→ *dulcis*)

T Lesen Sie vorab den möglichen Quellentext (→ **M**) für die Anekdote des Livius.

G **Genitiv der Beschaffenheit • Gerundium im Ablativ**
Übersetzen Sie: *Haec puella mirae formae est. Interrogando plus de ea comperi.*

6 Huic nuntio, quia, credo, dubiae fidei videbatur, nihil voce responsum est; rex velut deliberabundus in hortum aedium transit sequente nuntio filii; ibi inambulans tacitus summa papaverum capita dicitur baculo decussisse. Interrogando exspectandoque responsum nuntius fessus, ut re imperfecta, redit Gabios; quae dixerit ipse quaeque viderit, refert; seu ira seu odio seu superbia insita ingenio nullam eum vocem emisisse. Sexto, ubi, quid vellet parens quidve praeciperet tacitis ambagibus, patuit, primores civitatis criminando alios apud populum, alios sua ipsos invidia opportunos interemit. Multi palam, quidam, in quibus minus speciosa criminatio erat futura, clam interfecti. Patuit quibusdam volentibus fuga, aut in exilium acti sunt, absentiumque bona iuxta atque interemptorum divisui fuere. Largitiones inde praedaeque; et dulcedine privati commodi sensus malorum publicorum adimi, donec orba consilio auxilioque Gabina res regi Romano sine ulla dimicatione in manum traditur.

K. quia (is), (ut) crēdō, dubiae fideī vidēbātur ... – **dubius, a, um** → W
dēlīberābundus, a, um: in tiefes Nachdenken versunken

papāver, veris: Mohnblume
dēcutere (Perf. **dēcussī**): abschlagen, abhauen – **respōnsum** → W – **ut rē imperfectā:** da der Sachverhalt ungeklärt blieb – **Gabiōs:** nach Gabii
K. (nūntius) refert, quae ipse dīxerit et quae vīderit – **īrā ... odiō ... superbiā** (Ablative des Grundes!) – **īnsitus, a, um:** angeboren – *K.* superbiā ingeniō (Dat.!) īnsitā – *K.* Ubī Sextō patuit, quid ... – **ambāgēs, ium** f Pl.: Zweideutigkeit, Rätselhaftigkeit
suā ipsōs invidiā opportūnōs *hier:* infolge ihrer selbstverschuldeten Unbeliebtheit – **speciōsus, a, um** *hier:* offensichtlich – **iūxtā atque:** in gleichem Maße wie – **dīvīsuī fuēre (= fuērunt):** standen zur Verteilung an – **dulcēdō, dinis** → W – **dōnec:** LW2 – **orbus, a, um:** LW4 – **Gabīna rēs:** das Staatswesen von Gabii

1. Beschreiben Sie detailliert das ungewöhnliche Verhalten des Tarquinius gegenüber dem Boten in allen Details und dessen Reaktion darauf.
2. Nennen Sie die Gründe, mit denen sich der Bote in seiner indirekt wiedergegebenen Rede das Verhalten des Tarquinius zu erklären sucht.
3. Erklären Sie das abgestufte Vorgehen des Sextus gegen die einflussreichen Männer von Gabii.
4. Arbeiten Sie die Gründe heraus, die Livius für den Zusammenbruch des Gemeinwesens von Gabii verantwortlich macht.
5. Vergleichen Sie Herodots Erzählung (→ M) mit der des Livius.
6. Beschreiben Sie das Bild genau und überprüfen Sie, welche Elemente der livianischen Erzählung berücksichtigt sind.
7. Recherchieren Sie zu Begriff und Bedeutung des sog. „tall poppy syndrome". Erläutern Sie die Anwendbarkeit dieses Begriffs auf die Aktion des Tarquinius.

M Ein Vorbildtext für Livius?

Herodot berichtet, dass Herrscher Periander nach seiner Machtübernahme in Korinth (628 v. Chr.) den erfahreneren Tyrannen Thrasybulos von Milet um Rat fragen ließ:

„Periander hatte einen Boten zu Thrasybulos geschickt und ihn gefragt, auf welche Weise er seine Stadt am besten und sichersten regieren würde. Thrasybulos führte den Mann, der von Periander gekommen war, aus der Stadt hinaus und betrat ein besätes Feld. Während er durch das Korn ging und immer wieder fragte, warum der Bote von Korinth zu ihm gekommen sei, schnitt er alle Ähren ab, die er sehen konnte, und warf sie weg, bis er den besten und reichsten Teil des Weizens zerstört hatte. Dann, nachdem er durch den Ort gegangen war und kein Wort des Rates gesprochen hatte, schickte er den Boten weg. Als der Bote nach Korinth zurückkehrte, wollte Periander hören, welchen Rat er brachte, aber der Mann sagte, Thrasybulos habe ihm keinen gegeben. (...) Periander verstand jedoch, was getan worden war, und erkannte, dass Thrasybulos ihm geraten hatte, diejenigen seiner Stadtbewohner zu töten, die an Einfluss oder Fähigkeiten überragend waren."

(Herodot 5,92f.; Übersetzung: M. Lobe)

Lawrence Alma-Tadema (1836–1912): Tarquinius Superbus

2 Die Ideale der römischen Republik

2.1 Lucretia: Das Ende der Königsherrschaft

Der römische König Tarquinius Superbus lässt 509 v. Chr. die Stadt Ardea belagern. Junge Offiziere (sein Sohn Sextus, sein Neffe Brutus und sein Cousin Collatinus) unterhalten sich nachts im Feldlager, wobei Collatinus die Anständigkeit seiner Frau hervorhebt. Ein spontaner Besuch bei Lucretia bestätigt das Lob: Brav spinnt sie Wolle. Der sofort verliebte Sextus quartiert sich Tage später als Gast in ihrem Haus ein und überfällt Lucretia nachts in ihrem Schlafzimmer .... (1,58,2–12 m. Ausl.)

W Führen Sie folgende Fremdwörter auf ihre lateinischen Ursprungsbegriffe zurück und erklären Sie: addieren, päpstlicher Nuntius, Advent, investigativer Journalismus, Hospital.

G **historischer Infinitiv • indirekte Rede**
Schauen Sie beide im Text markierten Phänomene an und unterscheiden Sie sie voneinander, indem Sie in einer Grammatik nachschlagen.

T Recherchieren Sie zu den im Text genannten Namen.

7 (...) „Tace, Lucretia“, inquit; „Sextus Tarquinius sum; ferrum in manū est; moriere, si emiseris vocem.“ Cum pavida ex somno mulier nullam opem, prope mortem imminentem videret, tum Tarquinius fateri amorem, orare, miscere precibus minas, versare in omnes partes muliebrem animum. Ubi obstinatam videbat et ne mortis quidem metū inclinari, addit ad metum dedecus: Cum mortuā iugulatum servum nudum positurum ait, ut in sordidō adulteriō necata dicatur. Quō terrore cum vicisset obstinatam pudicitiam velut vi victrix libido, profectusque inde Tarquinius ferox expugnatō decore muliebri esset, Lucretia maesta tantō malō nuntium Romam eundem ad patrem Ardeamque ad virum mittit, ut cum singulis fidelibus amicis veniant. (...)

moriēre: moriēris – **vōcem ēmittere:** einen Laut von sich geben – **pavida ex somnō:** aus dem Schlaf aufgeschreckt – **imminēre:** bevorstehen
versāre: bearbeiten
inclinārī: ins Wanken geraten
dēdecus, oris n: Schande
K. (Tarquinius) ait (sē) cum mortuā servum iugulātum (et) nūdum positūrum (esse) – **iugulāre:** erstechen
sordidus: schändlich – **adulterium:** Ehebruch – *K.* cum libīdō velut vī victrīx ... pudīcitiam vīcisset – **victrīx, īcis:** siegreich – **decor muliebris:** Jungfräulichkeit
fidēlis, e: vertrauenswürdig

Sofort eilen der Vater und der Ehemann Lucretias sowie Brutus herbei.

Lucretiam sedentem maestam in cubiculō inveniunt. Adventū suorum lacrimae obortae, quaerentique viro: „Satin salve?“ „Minime“ inquit; „quid enim salvi est mulieri amissā pudicitiā? Vestigia viri alieni, Collatine, in lectō sunt tuō; ceterum corpus est tantum violatum, animus insons; mors testis erit. Sed date dexteras fidemque haud impune adultero fore. Sextus est Tarquinius, qui hostis pro hospite priore nocte vi armatus mihi sibique, si vos viri estis, pestiferum hinc abstulit gaudium.“ Dant ordine omnes fidem; consolantur aegram animi avertendō noxam ab coactā in auctorem delicti: mentem peccare, non corpus, et, unde consilium afuerit, culpam abesse. „Vos“, inquit, „videritis, quid

oborīrī: hervorbrechen – **Satin salvē?:** Geht es dir gut? – **quid ... salvī est mulierī:** wie kann es einer Frau gutgehen, wenn ...
īnsōns: unschuldig
haud impūne est m. Dat.: es geht für jdn. nicht straflos aus
pestifer, fera, ferum: Verderben bringend
aeger animī: seelisch verletzt – **āvertere noxam ab aliquō in aliquem:** die Schuld von jdm. auf jdn. übertragen – **delictum:** Schandtat

illi debeatur: Ego me etsi peccatō absolvo, suppliciō non libero; nec ulla deinde impudica Lucretiae exemplō vivet." Cultrum, quem sub veste abditum habebat, eum in corde defigit, prolapsaque in vulnus moribunda cecidit. Conclamat vir paterque.

illī: dem Tarquinius - **peccātum:** Vergehen - **absolvere:** freisprechen
K. nec ūlla (fēmina) impudīca exemplō Lucrētiae vīvet - **culter, trī:** Messer - **dēfigere:** hineinstechen
prōlābī in vulnus: vornüber auf die Wunde sinken

1. Stellen Sie die Mittel und Argumente zusammen, mit denen Sextus sein Ziel bei Lucretia zu erreichen sucht. Beschreiben Sie, wie die stilistische Gestaltung die Darstellung der Szene unterstützt.
2. Arbeiten Sie aus dem Text ein Charakterbild des Königssohnes heraus.
3. Erläutern Sie, welche Zwecke Lucretia mit ihrem Selbstmord verfolgt.
4. Erörtern Sie in Partnerarbeit die Reaktion Lucretias nach der Tat vor dem Hintergrund des römischen Frauenideals und aus moderner Sicht.
5. Vergleichen Sie Tizians Bild mit Livius' Darstellung.

i 1 Tarquinius Superbus und das Königtum

Tarquinius, der „Hochmütige", war der letzte der sieben Könige Roms. Er ließ politische Gegner gnadenlos umbringen, sodass eine Opposition der Oberschicht entstand. Dass das Vergewaltigungsvergehen seines Sohnes Sextus der Grund für seine Verbannung im Jahre 509 v. Chr. war, dürfte eine Legende sein. Nach der Vertreibung suchte er mit etruskischen Verbündeten die Macht in Rom wiederzugewinnen - vergeblich: 495 v. Chr. starb er im Exil, und mit ihm war unwiderruflich das Königtum in Rom untergegangen.

i 2 Das Ideal der *virgo intacta*

In der konservativen römischen Gesellschaft sollte eine junge Frau als unberührte Jungfrau (*virgo intacta*) in die Ehe gehen, als treue *matrona* den Haushalt führen und die gemeinsamen Kinder erziehen. Diesem Rollenideal entsprach die Realität der späten Republik immer weniger. Augustus wollte dies durch seine Ehe- und Sittengesetzgebung wieder ändern.

Tizian (um 1487/90–1576): Tarquinius und Lucretia, Museé des Beaux-Arts, Bordeaux

2.2 Brutus: Der Beginn der Republik

Als Brutus in Collatia seinen Cousin Collatinus und Lucretias Vater fassungslos über den Selbstmord der Lucretia sieht, fasst er einen Plan. (1,59,1-7)

W Übersetzen Sie: *Luctu occupatus es. Miraculum non est: Rursus apud iudices falsum iurabas. Nunc custodes armati te abducent.*

T Erklären Sie mithilfe von **i 1** das *novum in Bruti pectore ingenium* (Z. 9).

G **PFA • constructio ad sensum • *quisque* mit Superlativ**

Übersetzen Sie: *Brutus: Iuro me Tarquinium ferro et igni exsecuturum (esse) nec illum regnare passurum (esse). Pro se quisque queritur. Pro se quisque queruntur. Ferocissimus quisque adest.*

8 Brutus illis luctu occupatis cultrum ex vulnere Lucretiae extractum, manantem cruore prae se tenens, „Per hunc“, inquit, „castissimum ante regiam iniuriam sanguinem iuro vosque, di, testes facio me L. Tarquinium Superbum cum scelerata coniuge et omni liberorum stirpe ferrō, ignī, quācumque dehinc vī possim, exsecuturum, nec illos nec alium quemquam regnare Romae passurum.“ Cultrum deinde Collatino tradit, inde Lucretio ac Valerio, stupentibus miraculo rei, unde novum in Bruti pectore ingenium. Ut praeceptum erat, iurant; totique ab luctu versi in iram, Brutum iam inde ad expugnandum regnum vocantem sequuntur ducem. Elatum domo Lucretiae corpus in forum deferunt, concientque miraculo, ut fit, rei novae atque indignitate homines. Pro se quisque scelus regium ac vim queruntur. Movet cum patris maestitia, tum Brutus castigator lacrimarum atque inertium querelarum auctorque, quod viros, quod Romanos deceret, arma capiendi adversus hostilia ausos. Ferocissimus quisque iuvenum cum armis voluntarius adest; sequitur et cetera iuventus. Inde patre praeside relicto Collatiae custodibusque datis, ne quis eum motum regibus nuntiaret, ceteri armati duce Brutō Romam profecti. Ubi eō ventum est, quācumque incedit armata multitudo, pavorem ac tumultum facit; rursus ubi anteire primores civitatis vident, quidquid sit, haud temere esse rentur. Nec minorem motum animorum Romae tam atrox res facit quam Collatiae fecerat; ergo ex omnibus locis urbis in forum curritur.

K. Brūtus ... cultrum ... extractum (et) cruōre mānantem prae sē tēnēns inquit – **mānāre:** triefen
K. Per hunc ... sanguinem iūrō vōsque, dī, testēs faciō mē Tarquinium ... exsecūtūrum ... nec illōs ... rēgnāre ... passūrum (esse)
per: bei ... (Schwurformel) – **castus:** unschuldig – **exsequī:** verfolgen
Lucrētius: Vater der Lucretia – **Valerius:** Freund des Collatinus – **stupēre** m. Abl.: staunen über – **ingenium** *hier:* Geist, Haltung
expūgnāre rēgnum: die Königsherrschaft beseitigen – *K.* (Brūtus et amīcī) mīrāculō atque indīgnitāte reī novae hominēs concient
concière: aufwiegeln – **ut fit:** ut fierī solet
cum ... tum: LW4
castīgātor, ōris: Tadler – **querēla:** LW2 – *K.* auctor ... arma capiendī adversus eōs, quī hostīlia ausī (essent)
quod Rōmānōs decet: was sich für echte Römer gehört – **hostīlia** n Pl.: landesfeindliche Dinge, Landesverrat – **ferōx, ōcis:** LW7 – **praeses, idis:** Vorgesetzter
quācumque: wohin auch immer
pavor, ōris: LW5 – **prīmōrēs:** LW6
temere Adv.: ohne Grund – *K.* Ubī (Rōmānī) vīdent prīmōrēs cīvitātis anteīre, rentur (id) haud temere esse, quidquid sit

Nach der Rede des Brutus wird Tarquinius Superbus vertrieben und die Königsherrschaft in Rom für immer beendet. Der Sage nach wurden Brutus und Collatinus die ersten beiden Konsuln der neubegründeten Republik.

1. Arbeiten Sie beide Aussagen aus dem Schwur des Brutus heraus.
2. Analysieren Sie, in welchen Einzelschritten sich die Dynamik des Aufstandes gegen die Königsherrschaft entfaltet.
3. Beschreiben Sie ausgewählte Stilmittel und ihre Wirkung auf die Dramaturgie des Textes.
4. Interpretieren Sie das Bild vor dem Hintergrund des Textes und begründen Sie, ob Sie es für eine gelungene Umsetzung des Themas halten.

1 Die Brutuslegende

Lucius Brutus war angeblich ein Sohn der Schwester des Tarquinius Superbus, der in der machtbesessenen Königssippe nur überlebte, weil er den unzurechnungsfähigen Narren gespielt habe. Zu dieser Legende trug sein Beiname Brutus („dumm") bei. Als Begleiter der beiden Königssöhne nach Delphi habe nur er den Sinn des Orakelspruchs verstanden, wonach der in Rom herrschen werde, der als Erster die Mutter küssen würde. Nach Rom zurückgekehrt, küsste Brutus die Erde als gemeinsame Mutter der Menschen. Der Sage nach sei dies die Verheißung seiner künftigen Größe gewesen. Nach der Untat an Lucretia habe er sein wahres Gesicht gezeigt und sei zum Anführer der Revolution gegen Tarquinius Superbus und die Königsherrschaft geworden.

Sandro Botticelli (1445–1510): Die Tragödie der Lucretia, Isabella Stewart Gardner Museum, Boston

2 Der Konsulat

Die Einführung des Konsulats war die institutionelle Lehre, die man in Rom aus der Königsherrschaft gezogen hatte. Nicht mehr sollte ein Einziger den Staat lenken und seine Macht missbrauchen können, sondern beide Konsuln als höchste Staatsbeamte sollten sich gegenseitig in ihrer Macht beschränken (Kollegialitätsprinzip), nur für ein Jahr bestellt sein (Annuitätsprinzip) und gewählt werden, sodass keine innerfamiliäre Machtvererbung wie in Monarchien stattfand. Tatsächlich gab es die Konsulatsverfassung erst seit 367 v. Chr. mit der Zulassung der Plebejer zum höchsten Amt. Der Familie der Iunii Bruti war es gelungen, einen fiktiven patrizischen Ahnherrn in die Konsularlisten der römischen Frühzeit zu schmuggeln und so die Brutuslegende zu begründen.

2.3 Horatius Cocles: Der einäugige Held auf der Brücke

Der abgesetzte römische König Tarquinius Superbus holt gegen seine republikanischen Widersacher den etruskischen König Lars Porsenna (→ **i 1**) zu Hilfe. Als dieser 508 v. Chr. mit seinen Truppen vor Rom erscheint, sichern die Römer die Stadtmauern. Porsenna nimmt jedoch den Ianiculushügel ein und droht über die Tiberbrücke (*pons sublicius,* → **i 2**) nach Rom einzufallen. (2,10,2–11 m. Ausl.)

W Unterscheiden und übersetzen Sie: *Fortiter pugnabas. Hoc forte consilium fuit. Forte te Romae vidi.*

T Informieren Sie sich anhand der Abbildung und **i 2** über die Rolle der Brücke in diesem Text.

G **Supin auf *-um* • Abl. abs. • Gen. partitivus**
Übersetzen Sie: *Etrusci veniebant, ut Romam oppugnarent. Etrusci Romam oppugnatum veniebant. Etrusci clamore sublato oppugnant. Etruscis oppugnantibus Romani urbem defendunt. Romani plus virium habebant.*

9 Pons sublicius iter paene hostibus dedit, ni unus vir fuisset, Horatius Cocles; id munimentum illō diē fortuna urbis Romanae habuit. Qui positus forte in statione pontis, cum captum repentinō impetū Ianiculum atque inde citatos decurrere hostes vidisset trepidamque turbam suorum arma ordinesque relinquere, reprehensans singulos, obsistens obtestansque deum et hominum fidem testabatur nequiquam desertō praesidiō eos fugere; si transitum a tergō reliquissent, iam plus hostium in Palatiō Capitoliōque quam in Ianiculō fore. Itaque monere, praedicere, ut pontem ferrō, ignī, quācumque vī possint, interrumpant: se impetum hostium, quantum corpore unō posset obsisti, excepturum. (...) Circumferens inde truces minaciter oculos ad proceres Etruscorum nunc singulos provocare, nunc increpare omnes: servitia regum superborum, suae libertatis immemores alienam oppugnatum venire. Cunctati aliquamdiu sunt, dum alius alium, ut proelium incipiant, circumspectant; pudor deinde commovit aciem, et clamorē sublatō undique in unum hostem tela coniciunt. Quae cum in obiectō cuncta scutō haesissent, neque ille minus obstinatus ingentī pontem obtineret gradū, iam impetū conabantur detrudere virum, cum simul fragor rupti pontis, simul clamor Romanorum alacritate perfecti operis sublatus, pavore subitō impetum sustinuit. Tum Cocles „Tiberine pater“, inquit, „te, sancte, precor, haec arma et hunc militem propitiō flumine accipias.“ Ita sic armatus in Tiberim desiluit multisque superincidentibus telis incolumis ad suos tranavit, rem ausus plus famae habituram ad posteros quam fidei.

mūnīmentum: Bollwerk

statiō, ōnis: Wachposten

repentīnus: plötzlich – **citātus:** im Laufschritt

reprehēnsāre: zurückhalten
obtestārī de(or)um et hominum fidem: die Treue der Götter und Menschen anrufen – **testārī** *hier:* deutlich machen – **nēquīquam:** vergeblich – **transitus, ūs:** Übergang (über die Brücke)
praedicere: nachdrücklich hervorheben – **interrumpere:** einreißen
impetum excipere: einen Angriff stoppen – **circumferre oculōs:** die Augen wandern lassen – **trux, ucis:** trotzig – **minax, ācis:** bedrohlich
procerēs, um: die Vornehmsten – **increpāre:** schmähen – *K.* indir. Rede: Etrūscōs servitia (= servōs) rēgum superbōrum (esse), immemorēs lībertātis suae (esse), venīre aliēnam (lībertātem) oppūgnātum – **aliquamdiū:** eine Zeit lang – **scūtum:** Schild
obstinātus: LW7
gradus, ūs: Ausfallschritt
dētrūdere: herabstoßen
fragor, ōris: Krachen
alacritās, ātis: Freude – *K.* alacritāte m. Gen. aus Freude über – **pavor, ōris:** LW5 – **Tiberīnus:** Flussgott Tiber – *K.* tē precor, (ut) ... accipiās
superincidere: von oben herabfallen
K. Cocles ausus rem habitūram plūs fāmae ... quam fideī

1. Arbeiten Sie aus dem Text heraus, worin die Einzigartigkeit der Tat des Cocles besteht und wie diese sprachlich-stilistisch gewürdigt wird.
2. Erläutern Sie die Worte des Cocles an die Etrusker (Z. 14ff.) vor dem Hintergrund der jungen römischen Republik.
3. Beschreiben Sie die einzelnen Phasen des Kampfverlaufs auf der Brücke.
4. Informieren Sie sich über den Wertbegriff der *pietas* und untersuchen Sie in Partnerarbeit, ob Horatius Cocles diesem Ideal entspricht.

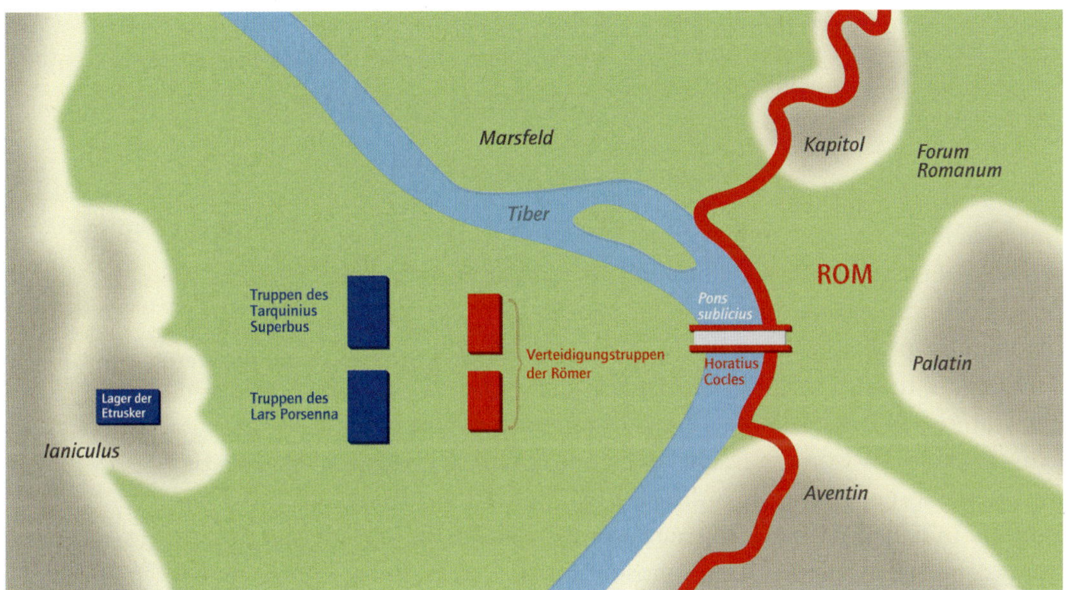

Das etruskische Heer vor dem *pons sublicius*

1 Der etruskische König Lars Porsenna

Der antiken Geschichtsschreibung nach sei Lars Porsenna in den Krieg gegen Rom gezogen, um den Königsthron für seinen aus Rom vertriebenen Landsmann Tarquinius Superbus zurückzuerobern, sei daran aber durch die Heldentaten des Horatius Cocles, des Mucius und der Cloelia gehindert worden. Die moderne Forschung vermutet, dass der historische Porsenna Rom tatsächlich eingenommen hat. Über diese wenig ruhmreiche Zeit für Rom sollten wohl die Heldenanekdoten hinwegtäuschen.

2 Der *pons sublicius*

Die durch die Heldentat des Horatius Cocles bekanntgewordene Tiberbrücke war eine Holzkonstruktion (*sublicae:* Holzpfähle), die unter König Ancus Marcius im 7. Jh. v. Chr. erbaut worden war. Über sie führte die Via Latina, eine der ältesten römischen Fernstraßen, nach Capua. Nach dem Abzug der Etrusker unter Porsenna soll die Brücke mit einem Überbau wiederhergestellt worden sein, der bei Gefahr abmontiert wurde und so ein Überqueren durch Feinde unmöglich machte.

2.4 Mucius Scaevola: Ein Patriot als Attentäter

Als König Porsenna das Ackerland um Rom verwüsten lässt, um die belagerten Römer auszuhungern, dringt auf eigenen Wunsch und mit Erlaubnis des Senats der junge römische Adlige Mucius heimlich in das gegnerische Lager ein, um den König zu töten. Versehentlich erdolcht er aber nicht Porsenna, sondern dessen Schreiber ... (2,12,8–13,1 m. Ausl.)

W Erklären Sie aus der Kenntnis des Lateinischen die folgenden italienischen Wörter:
Adjektive: *maggiore, regale, lungo, destro*
Substantive: *ferro, volgo, re, sede, pericolo*

T Erschließen Sie Z. 1–5 nach der Methode des linearen Dekodierens.

G **Prädikativum • indir. Fragesatz • substantiviertes Adjektiv • Gerundiv**
Übersetzen Sie: *Amicus huc veni. Nec unus tibi adfui. Mucius duos hostes videbat. Nesciebat, uter Porsenna esset. Romanum est pati multa et hostilia. Mucius Gallis magis metuendus quam metuens esse videbatur.*

10 Vadentem inde, quā per trepidam turbam cruentō mucrone sibi ipse fecerat viam, cum – concursū ad clamorem factō – comprehensum regii satellites retraxissent, ante tribunal regis destitutus, tum quoque inter tantas fortunae minas metuendus magis quam metuens: „Romanus sum“, inquit, „civis; C. Mucium vocant. Hostis hostem occidere volui, nec ad mortem minus animi est, quam fuit ad caedem; et facere et pati fortia Romanum est. Nec unus in te ego hos animos gessi; longus post me ordo est idem petentium decus. Proinde in hoc discrimen, si iuvat, accingere, ut in singulas horas capite dimices tuō, ferrum hostemque in vestibulō habeas regiae. Hoc tibi iuventus Romana indicimus bellum. Nullam aciem, nullum proelium timueris; uni tibi et cum singulis res erit.“ Cum rex simul irā infensus periculōque conterritus circumdari ignes minitabundus iuberet, nisi expromeret propere, quas insidiarum sibi minas per ambages iaceret: „En tibi“, inquit, „ut sentias, quam vile corpus sit iis, qui magnam gloriam vident“; dextramque accensō ad sacrificium foculō inicit. Quam cum velut alienatō ab sensū torreret animō, prope attonitus miraculō rex cum ab sede suā prosiluisset amoverique ab altaribus iuvenem iussisset: „Tu vero abi“, inquit, „in te magis quam in me hostilia ausus. Iuberem macte virtute esse, si pro meā patriā ista virtus staret; nunc iure belli liberum te, intactum inviolatumque hinc dimitto.“ (...) Mucium dimissum, cui postea Scaevolae a clade dextrae manūs cognomen inditum, legati a Porsennā Romam secuti sunt.

inde, quā: dorthin, wo – **trepidus:** LW9 – **cruentus:** blutig – **mucrō, ōnis:** Dolch
satelles, itis m: Begleiter
dēstituere: hinstellen – *K.* Cum rēgiī satellitēs (Mūcium) vādentem ... (et) comprehēnsum retrāxissent, ante tribūnal dēstitūtus ... inquit

animōs gerere: Gefühle hegen
K. post mē longus ōrdō est (eōrum, quī) idem decus petunt – **accingere in** m. Akk.: rüste dich! (Imp. Sg. von mediopass. accingī) – **in singulās hōrās:** in jeder beliebigen Stunde
dīmicāre capite: ums Leben kämpfen – **vestibulum regiae:** Eingangshalle des Königshauses
īnfēnsus: aufgebracht
minitābundus: unter Drohungen
exprōmere: verraten
ambāges, is f: Andeutung
iacere: äußern – *K.* quās minās īnsidiārum (Mūcius) sibi (= Porsennae) per ambāgēs iaceret – **ēn tibi:** schau her! – **foculus:** Feuerherd
aliēnāre animum ab sensū: den Geist gegenüber dem Schmerz verschließen – **torrēre:** verbrennen
prōsilīre: aufspringen
altāria, ium n Pl.: Brandaltar
hostīlis, e: feindselig – **iubērem macte virtūte esse:** ich würde deiner Tapferkeit Glück wünschen
intāctus: unangetastet – *K.* cui posteā cōgnōmen Scaevolae ... inditum (est) – **Scaevola:** Linkshand
clādēs, is *hier:* Verlust – **indere** (PPP **inditum**): geben

1. Weisen Sie dem Vorhaben des Mucius einen modernen Begriff zu.
2. Arbeiten Sie in Gruppen die Wirkung der verschiedenen Stilmittel aus der Rede des Mucius (Z. 5–14) heraus.
3. Stellen Sie unter Einbeziehung von i 2 Vermutungen an, welche Absicht solche Heldengeschichten in augusteischer Zeit hatten.
4. Beschreiben Sie das Bild genau und überprüfen Sie, welche Elemente der livianischen Erzählung berücksichtigt sind.

i 1 *Virtus*

Virtus ist ein vielgestaltiger Begriff, der sich von *vir* ableitet: *Virtus* ist also Männlichkeit, v.a. Tapferkeit, die der Antike als Kardinaltugend galt. *Virtus* ist darüber hinaus Leistung beim beständigen Aufbau des römischen Staates, ist Disziplin, auch Treue im Verhältnis von Klient und Patron sowie verlässliche Beständigkeit. *Virtus* ist aber keine exklusive Eigenschaft von Männern. Definiert werden kann *virtus* als unerschütterliche Haltung, die sich in Krisensituationen bewährt.

i 2 *Exempla virtutis*

Für den auf die Tradition der Vorväter (*mos maiorum*) bedachten römischen Staat waren Vorbilder wichtig. Geschichtliche Persönlichkeiten und ihre Taten wurden mündlich überliefert bzw. in Geschichtswerken festgehalten – oder sie boten als Statuen an prominenten Plätzen Rollenmodelle für die gegenwärtigen Römer. Besonders Augustus versuchte nach dem Jahrhundert der Bürgerkriege über die Propagierung von Vorbildern altrömische Werte wiederzuerwecken.

Peter Paul Rubens (1577–1640) und Anthonis van Dyck (1599–1641): Mucius Scaevola vor Porsenna, Museum der Schönen Künste, Budapest

2.5 Cloelia: Eine weibliche Heldin

Nachdem Mucius Scaevola für seine Heldentat vom Senat geehrt und mit Ackerland beschenkt worden war, habe diese öffentliche Ehrung laut Livius auch die Frauen zu besonderer Tapferkeit angespornt. Dabei tat sich die junge Römerin Cloelia besonders hervor, die sich mit mehreren Leidensgenossinnen als Geisel im Lager des etruskischen Königs Porsenna befand. (2,13,6-11 m. Ausl.)

W Führen Sie folgende Fremdwörter auf ihre lateinischen Ursprungsbegriffe zurück und erklären Sie: Feminismus, publik machen, Kustos, Konsens, Opportunist, summarisch.

T Analysieren Sie nach einer Ihnen bekannten Methode den Satz Z. 1-6.

G **Abl. abs. • Gerundiv • Dat. commodi**
Übersetzen Sie: *Viris laudatis feminae quoque gloriam petebant. Nos omnes nati sumus ad gloriam petendam. Tibi opportunum est discere.*

11 Ergo ita honoratā virtute, feminae quoque ad publica decora excitatae, et Cloelia virgo una ex obsidibus, cum castra Etruscorum forte haud procul ripā Tiberis locata essent, frustrata custodes, dux agminis virginum inter tela hostium Tiberim tranavit, sospitesque omnes Romam ad propinquos restituit. Quod ubi regi nuntiatum est, primo incensus irā oratores Romam misit ad Cloeliam obsidem deposcendam. (...)

honōrāre: verherrlichen
decus, oris n: LW10

K. procul (ā) rīpā

frūstrārī: täuschen - **dux:** prädikativ

trānāre: LW9 - **sōspes, itis:** unversehrt - **restituere** *hier:* zurückbringen
dēposcere: dringend zurückfordern

Porsenna geht es um's Prinzip: Wenn Cloelia sich ihm wieder als Geisel stellt, werde er sie unverletzt zurückschicken:

Utrimque constitit fides; et Romani pignus pacis ex foedere restituerunt, et apud regem Etruscum non tuta solum, sed honorata etiam virtus fuit, laudatamque virginem parte obsidum se donare dixit; ipsa, quos vellet, legeret. Productis omnibus elegisse impubes dicitur; quod et virginitati decorum et consensu obsidum ipsorum probabile erat eam aetatem potissimum liberari ab hoste, quae maxime opportuna iniuriae esset. Pace redintegratā Romani novam in femina virtutem novō genere honoris, statuā equestrī, donavere; in summā Sacrā viā fuit posita virgo insidens equō.

fidēs cōnstat: der Vertrag wird eingehalten - **ex foedere:** vertragsgemäß - *K.* (Porsenna rēx) dīxit sē virginem laudātam parte obsidum dōnāre - **dōnāre** m. Abl. *hier:* belohnen mit - *K.* ipsa (Cloelia), quōs (obsidēs) vellet, legeret
impūbis, e: jungfräulich - **virginitātī decōrum:** für das jungfräuliche Lebensalter angemessen
probābilis, e: beifallswürdig
redintegrāre: wiederherstellen
in summā Sacrā viā: am höchsten Punkt der Via sacra - **īnsīdere:** in + sedēre

1. Geben Sie die Tat der Cloelia in eigenen Worten wieder. Geben Sie an, worin das Vorbildliche ihres Handelns besteht.
2. Beschreiben Sie das Verhalten beider Kriegsparteien nach Porsennas Forderung und nennen Sie den handlungsleitenden lateinischen Schlüsselbegriff.
3. Erörtern Sie vor dem Hintergrund von i den Realitätsgehalt der von Livius beschriebenen öffentlichen Ehrung Cloelias.
4. Beschreiben Sie das Bild genau und erschließen Sie, welche Textstelle des Livius das Bild von Wouters beeinflusst haben könnte.

i Reiterstatuen

Nachdem die Griechen in der zweiten Hälfte des 6. Jh.s v. Chr. den Bronzeguss verfeinert hatten, konnten auch lebens- und überlebensgroße Reiterbilder gegossen werden, die ihren Rang dadurch erhielten, dass sie bei wichtigen Tempeln oder Altären aufgestellt wurden. Dagegen war die zentrale, platzbeherrschende Aufstellung von Reiterbildern eine Erfindung der Römer. Die Auszeichnung mit einer solchen Statue galt als größte Ehre, die nur der Oberschicht vorbehalten war. Nachdem der Senat im Jahre 158 v. Chr. alle Statuen, die ohne öffentlichen Beschluss errichtet worden waren, vom Forum Romanum hatte entfernen lassen, schafften es nur noch die mächtigsten Männer der römischen Republik, dort mit einem Reiterstandbild verewigt zu werden, wie Sulla, Pompejus, Cäsar und Octavian. In der Kaiserzeit wurde für Kaiser Domitian eine überlebensgroße Reiterstatue mitten auf dem Forum Romanum errichtet, die nur vom noch größeren Reiterstandbild seines Nachfolgers Trajan übertroffen wurde.

Frans Wouters (1612–1659): Cloelia auf der Flucht vor den Etruskern, Privatbesitz

2.6 Die *plebs*: Expansionsverlierer des Imperiums

495 v. Chr. standen die Römer nach ihrem Sieg über Tarquinius Superbus und seine latinischen Bündnispartner am See Regillus vor einem Krieg mit den Volskern, als innenpolitische Konflikte auftraten. (2,23,1-8 m. Ausl.)

W Übersetzen Sie: *Ii, qui pecuniā carent, saepe aere alieno opprimuntur. Multi propter / ob hanc causam in calamitatem inciderunt.*

T Bestimmen Sie für die drei Absätze die jeweils dominierenden Wort- und Sachfelder.

G **AcI • AcI mit Ellipse • indirekte Rede**
Übersetzen Sie: *Cives questi sunt se a civibus oppressos esse. Miles ait pecora sua direpta (esse). Praeterea villam suam incensam esse.*

12 Et bellum Volscum imminebat et civitas secum ipsa discors intestinō inter patres plebemque flagrabat odiō, maxime propter nexos ob aes alienum. Fremebant se, foris pro libertate et imperio dimicantes, domi a civibus captos et oppressos esse, tutioremque in bello quam in pace et inter hostes quam inter cives libertatem plebis esse; invidiamque eam sua sponte gliscentem insignis unius calamitas accendit.

Magno natu quidam cum omnium malorum suorum insignibus se in forum proiecit. Obsita erat squalore vestis, foedior corporis habitus pallore ac macie perempti; ad hoc promissa barba et capilli efferaverant speciem oris. Noscitabatur tamen in tanta deformitate, et ordines duxisse aiebant, aliaque militiae decora vulgo miserantes eum iactabant; ipse testes honestarum aliquot locis pugnarum cicatrices adverso pectore ostentabat. Sciscitantibus, unde ille habitus, unde deformitas, cum circumfusa turba esset prope in contionis modum, Sabino bello ait se militantem, quia propter populationes agri non fructu modo caruerit, sed villa incensa fuerit, direpta omnia, pecora abacta, tributum iniquo suo tempore imperatum, aes alienum fecisse. (...) Ductum se ab creditore non in servitium, sed in ergastulum et carnificinam esse. Inde ostentare tergum foedum recentibus vestigiis verberum.

Ad haec visa auditaque clamor ingens oritur. Non iam foro se tumultus tenet, sed passim totam urbem pervadit. Nexi, vincti solutique, se undique in publicum proripiunt, implorant Quiritium fidem. Nullo loco deest seditionis voluntarius comes; multis passim agminibus per omnes vias cum clamore in forum curritur.

Nur das Eingreifen der Konsuln konnte ein Blutvergießen verhindern.

discors: uneins – **intestīnus** *hier:* innerstaatlich – **flagrāre:** entbrannt sein – **nexus (ob aes aliēnum):** Schuldknecht – **fremere:** murren **forīs** Adv.: im Krieg – **domī:** im Frieden

glīscere: aufflammen – **īnsīgnis, e:** herausragend
magnō nātu: alt – **sē prōicere, prōiciō, prōiēcī:** sich niederwerfen **obsitus:** bedeckt mit – **squālor, ōris:** Schmutz – *K.* foedior (erat) habitus corporis ... perēmptī – **pallor, ōris:** Leichenblässe – **maciēs, ēī:** Magerkeit – **perēmptus:** zerstört **prōmissus:** lang herabhängend **efferāre:** verwildern lassen **nōscitāre:** wiedererkennen **dēfōrmitās, ātis:** Verunstaltung **ōrdines dūcere:** kommandieren **vulgō:** in großer Masse – **iactāre** *hier:* zur Sprache bringen – **testēs ... ostentāre:** als Zeugen vorzeigen **cicātrīx, īcis** f: Narbe – **adversō pectore:** vorne auf der Brust **scīscitārī:** fragen – **circumfundī** (mediopass.): sich ergießen – **in contiōnis modum:** nach Art einer Volksversammlung – **dīripere** (PPP **dīreptum**): plündern – **abigere** (PPP **abāctum**): wegtreiben – **tribūtum:** Steuerlast – **ergastulum:** Zuchthaus **carnificīna:** Folterkammer – **verbera** n Pl.: Peitschenhiebe – **tumultus:** LW8 – **passim** Adv.: nach allen Seiten – **pervādere:** sich verbreiten **implōrāre:** anflehen – **Quirītēs, ium** m Pl.: Römer – **voluntārius:** LW8

1. Nennen Sie die Gründe für den Streit zwischen Patriziern und Plebejern.
2. Weisen Sie am Beispiel des *nexus* die Unglücksverkettung nach.
3. Stellen Sie die wirkmächtigen Momente des Auftritts des *nexus* zusammen und belegen Sie, wie Livius diese stilistisch unterstreicht.
4. Beschreiben Sie, wie der Einzelfall zur Massenbewegung wird.
5. Nehmen Sie (unter Einbeziehung des Plakats) in einer Diskussion Stellung, ob es ähnliche Phänomene in der Moderne gibt.

1 Die Schuldknechtschaft im antiken Rom

In Schuldknechtschaft geriet, wer als Schuldner seinem Gläubiger den Kredit nicht zurückzahlen konnte. Häufig traf das Kleinbauern, die – zum Kriegsdienst einberufen – ihre Felder nicht bestellen konnten und Schulden (*aes alienum*) aufnehmen mussten, um wieder in den Hof investieren zu können. Hohe Kreditzinsen und Missernten führten zum Verlust der eigenen Existenz und Freiheit. Dieses Ungleichgewicht zwischen den einfachen Leuten, die für ihr Vaterland in den Krieg zogen und dafür Nachteile erlitten, und den reichen Patriziern als Nutznießern der Situation führte zu den sog. Ständekämpfen.

Plakat: Ständepyramide, 1911

2 Ständekämpfe

Unter Ständekämpfen versteht man die politische Auseinandersetzung zwischen den beiden gesellschaftlichen Ständen der Patrizier und Plebejer. Die Patrizier als Abkömmlinge alter Adelsgeschlechter besaßen Reichtümer und Ländereien, verfügten durch das Monopol der Ämterbesetzung über die Macht im frührömischen Staat und genossen zahlreiche Privilegien. Die Masse der einfachen Leute aus dem Volk (Plebejer) war indes nicht mehr bereit, das soziale Ungleichgewicht länger zu ertragen, und forderte mehr Rechte und finanzielle Erleichterungen.

2.7 Menenius Agrippa: Der Einiger von Volk und Senat

Im Jahre 494 v. Chr. eskalierte der Streit zwischen Patriziern und Plebejern. Diese zogen in der sog. *secessio plebis* aus Rom auf den nahegelegenen Mons Sacer aus, ohne die ringsum liegenden Landgüter der Patrizier anzutasten. (2,32,5-33,2 m. Ausl.)

W Führen Sie die folgenden englischen Wörter auf ihren lateinischen Ursprung zurück: *quiet, violence, to narrate, external, member, extreme, voluptuousness, condition.*

T Suchen Sie aus Z. 12-22 Begriffe für menschliche Körperteile heraus und klären Sie deren Bedeutung.

G **Gerundium • Fragesatz in indirekter Rede**
Übersetzen Sie: *Docendo discimus. Ad discendum parati sumus. Magister secum cogitat: Quamdiu discipulos studiosos futuros esse / fore? Quid futurum (esse), si voluptatem discendi non iam habeant? Puto discipulos tum hortandos esse.*

13 Pavor ingens in urbe, metūque mutuō suspensa erant omnia. Timere relicta ab suis plebs violentiam patrum; timere patres residem in urbe plebem, incerti manere eam an abire mallent: quamdiu autem tranquillam, quae secesserit, multitudinem fore? Quid futurum deinde, si quod externum interim bellum exsistat? (...) Placuit igitur oratorem ad plebem mitti Menenium Agrippam, facundum virum et, quod inde oriundus erat, plebi carum. Is intromissus in castra priscō illō dicendi et horridō modō nihil aliud quam hoc narrasse fertur: tempore, quo in homine non ut nunc omnia in unum consentiant, sed singulis membris suum cuique consilium, suus sermo fuerit, indignatas reliquas partes suā curā, suō labore ac ministeriō ventri omnia quaeri, ventrem in mediō quietum nihil aliud quam datis voluptatibus frui; conspirasse inde, ne manus ad os cibum ferrent, nec os acciperet datum, nec dentes, quae acciperent, conficerent. Hāc irā, dum ventrem fame domare vellent, ipsa unā membra totumque corpus ad extremam tabem venisse. Inde apparuisse ventris quoque haud segne ministerium esse, nec magis ali quam alere eum, reddentem in omnes corporis partes hunc, quo vivimus vigemusque, divisum pariter in venas maturum confecto cibo sanguinem. Comparando hinc, quam intestina corporis seditio similis esset irae plebis in patres, flexisse mentes hominum. Agi deinde de concordia coeptum, concessumque in condiciones, ut plebi sui magistratus essent sacrosancti, quibus auxilii latio adversus

pavor, ōris: LW5 – **mūtuus:** wechselseitig – **suspēnsus:** in der Schwebe – **reses, idis:** zurückgeblieben – *K.* incertī, (utrum) māllent eam (= plēbem) manēre an abīre
quamdiū: wie lange? – **sēcēdere:** sich zurückziehen, ausziehen
externus: auswärtig
exsistere: ausbrechen – **ōrātor, ōris:** LW11 – **fācundus:** redegewandt – **oriūndus erat** = ortus erat
intrōmittere: hineinlassen
prīscus: altertümlich – **horridus:** ungeschliffen – **in ūnum cōnsēntīre:** einträchtig übereinstimmen – **indīgnārī** m. AcI: sich empören darüber, dass – **quaerere** *hier:* zusammensuchen – **quiēs, quiētis:** LW4 – **fruī** m. Abl.: genießen – **cōnspīrāre:** sich verschwören – **datum** *hier:* die angebotene Nahrung – **cōnficere** *hier:* zerkleinern – **domāre:** bezwingen
ūnā: zugleich – **extrēmus:** äußerster
tābēs, is f: Entkräftung – **appārēre:** sich zeigen – **sēgnis, e:** träge
K. (ventrem) reddentem ... hunc sanguinem, quō vīvimus ..., (sanguinem) dīvīsum ... in vēnās, mātūrum cōnfectō cibō – **mātūrus** m. Abl.: angereichert mit
cōnfectus *hier:* verdaut – *K.* comparāndō, quam ... similis esset
intestīnus: innerlich – **sēditiō, ōnis:** LW12 – **flectere mentēs:** umstimmen – **agere dē:** verhandeln über – *K.* Deinde dē concordiā agī coeptum et concessum (est) ...
concēdere in m. Akk.: sich einigen auf – **sacrōsānctus:** unantastbar

consules esset, neve cui patrum capere eum magistratum liceret. Ita tribuni plebei creati duo, C. Licinius et L. Albinus.

auxiliī lātiō, ōnis: Beistandsrecht
K. nēve (ali)cui - **capere** *hier:* übernehmen
tribūnī plēbeī Pl.: Volkstribunen

◊ 1. Beschreiben Sie die Stimmungslage der beiden nach dem Auszug der *plebs* in Rom zurückgebliebenen Bevölkerungsgruppen.

◊ 2. Erklären Sie, warum Menenius Agrippa als Unterhändler zur *plebs* gesandt wird.

◊◊ 3. Erschließen Sie, welchen Zweck Menenius mit seiner Geschichte von Magen und Gliedern verfolgt. Analysieren Sie, welcher literarischen Gattung sie angehört.

◊◊ 4. Diskutieren Sie, ob Sie dem Philosophen Ernst Bloch zustimmen, der die Geschichte des Menenius als „eine der ältesten Soziallügen" bezeichnet.

◊◊ 5. Beschreiben Sie genau das körpersprachliche Verhalten der Figuren des Bildes.

Das Volkstribunat

Nach zähen Verhandlungen zwischen beiden Ständen kam es zu einem Kompromiss: Die Patrizier gestanden den Plebejern im Jahre 494 v. Chr. das Recht zu, einen Volkstribun aus ihrer Mitte zu wählen. Er hatte ein Einspruchsrecht gegenüber allen Senats- und Magistratsbeschlüssen (Veto- bzw. Interzessionsrecht), um das einfache Volk vor Willkürmaßnahmen von Senatoren und patrizischen Beamten zu schützen. Der Volkstribun genoss den Status der Unantastbarkeit (*sacrosanctitas*), um sein Amt ohne die Angst vor patrizischen Einschüchterungen oder gar Gewaltanwendung ausüben zu können.

August Eisenmenger (1830–1907): Menenius Agrippa erklärt den Plebejern das Gemeinwesen, Parlament Wien

2.8 Cincinnatus: Vom Landmann zum Diktator und zurück

Im Krieg der Römer gegen die Nachbarvölker der Sabiner und Aequer 458 v. Chr. wird der Konsul Minucius in seinem Lager eingeschlossen. Rom steht kopflos da, Panik bricht aus. (3,26,5-10; 3,29,4-7 m. Ausl.)

W Führen Sie folgende Fremdwörter auf ihre lateinischen Ursprungsbegriffe zurück und erklären Sie: human, Lokal, Pöbel, Republik, Mandat, Pulver.

T Informieren Sie sich in **i 1** vorab über das Wesen eines *dictator.*

G **Korrelativum • Gen. partitivus • Gen. qualitatis • NcI**
Übersetzen Sie: *Tantum gaudium, quantum praemium erat. Consuli parum praesidii inesse videbatur. Cincinnatus agrum parvae magnitudinis colebat. Cibi in mensa positi esse dicuntur.*

14 Nihil tam inopinatum nec tam insperatum accidere potuit. Itaque tantus pavor, tanta trepidatio fuit, quanta si urbem, non castra hostes obsiderent. Nautium consulem arcessunt. In quo cum parum praesidii videretur dictatoremque dici placeret, qui rem perculsam restitueret, L. Quinctius Cincinnatus consensū omnium dicitur. Operae pretium est audire, qui omnia prae divitiis humana spernunt neque honori magno locum neque virtuti putant esse, nisi ubi effuse affluant opes. Spes unica imperii populi Romani, L. Quinctius trans Tiberim, contra eum ipsum locum, ubi nunc navalia sunt, quattuor iugerum colebat agrum, quae prata Quinctia vocantur. Ibi ab legatis – seu fossam fodiens palae innixus, seu cum araret, operi certe, id quod constat, agresti intentus – salute data in vicem redditaque rogatus, ut, quod bene verteret ipsi reique publicae, togatus mandata senatūs audiret, admiratus rogitansque „satin salve?“ togam propere e tugurio proferre uxorem Raciliam iubet. Quā simul absterso pulvere ac sudore velatus processit, dictatorem eum legati gratulantes consalutant, in urbem vocant; qui terror sit in exercitu, exponunt. (...)

Cincinnatus stellte ein Heer zusammen, schlug die Feinde und feierte einen Triumph in Rom.

Ducti ante currum hostium duces; militaria signa praelata; secutus exercitus praedā onustus. Epulae instructae dicuntur fuisse ante omnium domos, epulantesque cum carmine triumphali et sollemnibus iocis comissantium modo currum secuti sunt. (...) Quinctius sexto decimo die dictaturā in sex menses acceptā se abdicavit.

inopīnātus: unvermutet
pavor, ōris: LW5 – **trepidātiō, ōnis:** Ratlosigkeit

praesidium *hier:* Beistand

percellere (PPP **perculsum**): von Grund auf erschüttern
operae pretium est audīre (eōs), quī: es lohnt sich, dass diejenigen zuhören, die ... – **prae** m. Abl.: im Vergleich zu – **spernere:** gering achten – **effūsē** Adv.: verschwenderisch – **affluere:** zufließen – **ūnicus:** einziger
nāvālia n Pl.: Schiffswerften
iūgera, um n Pl.: ein Morgen Land
K. colebat agrum quattuor iūgerum
prātum: Wiese – **fodere, -iō:** ausheben – **pāla:** Spaten
innīxus m. Dat.: gestützt auf
arāre: pflügen – **quod bene verteret ipsī reīque pūblicae:** was sich für ihn selbst und den Staat als gut erweisen würde – **mandātum:** Auftrag – **satin salvē?:** Alles in Ordnung? – **properē:** LW10
tugurium: Hütte – **abstergēre** (PPP **abstersum**): abwischen – **sūdor, ōris:** Schweiß – **vēlātus** *hier:* standesgemäß gekleidet
grātulārī: beglückwünschen

onustus: beladen mit – **epulae, ārum** Pl.: Festmahl – **epulārī:** schmausen – **carmen triumphāle:** Siegeslied – **sollemnis, e:** festtagsüblich – **iocus:** Scherz – **cōmissārī:** feiernd umherziehen – **sē abdicāre:** zurücktreten von

1. Paraphrasieren Sie die Not der Römer, wie sie Livius zu Beginn schildert.
2. Erschließen Sie, an welche Zeitgenossen sich Livius in seinem Exkurs Z. 6–9 wendet und welche Funktion diese Ansprache hat.
3. Erläutern Sie die Diskrepanz zwischen Politiker und Privatmann Cincinnatus. Erklären Sie die Aussageabsicht des Livius.
4. Begründen Sie aus dem Text und unter Einbeziehung von i 2, wodurch v.a. Cincinnatus zur politischen Vorbildfigur wurde.
5. Vergleichen Sie beide Statuen und weisen Sie nach, wie das Standbild des US-Präsidenten das altrömische Vorbild zitiert.

Cincinnatus-Statue im Eden Park, Cincinnati

Statue von George Washington (1732–1799) am Trafalgar Square, London

i 1 Die Diktatur

Das Diktatorenamt war in der republikanischen Verfassung eine Art Monarchie auf Zeit. Es war für eine besondere Notlage des Staates gedacht, damit ein einziger Mann dank unumschränkter Macht schnell die nötigen Rettungsmaßnahmen einleiten konnte. Zur Sicherung vor Missbrauch war diese Befugnis auf sechs Monate beschränkt. Aber nicht alle damit Betrauten wollten die einzigartige Machtfülle nach dieser Zeit wieder abgeben. Sulla und Cäsar hatten das Amt des Diktators immer wieder als Basis für ihre Alleinherrschaft verwendet und so in Verruf gebracht.

i 2 George Washington und Cincinnatus

Die Gründerväter Amerikas haben ihre Nation nach dem Vorbild der römischen Republik modelliert und dazu auch *exempla virtutis* der römischen Vorzeit für ihre Zwecke verwendet. Präsident George Washington wurde als zweiter Cincinnatus verehrt, weil er 1783 nach der siegreichen Beendigung des Unabhängigkeitskrieges sein Mandat als General niedergelegt und sich auf seine Farmresidenz Mount Vernon zurückgezogen hatte. Nach dem Unabhängigkeitskrieg gründeten ehemalige Offiziere die Bruderschaft der Cincinnati – Namensgeber der amerikanischen Metropole Cincinnati.

3 Zeit der Bewährung: Der Galliereinfall

3.1 Die Gallier an der Allia: Ein schwarzer Tag für Rom

Keltische Stämme hatten um 400 v. Chr. Oberitalien erobert. Von dort stießen sie im Jahr 387 v. Chr. weiter vor und griffen die Stadt Clusium an, die Unterstützung von Rom anforderte. Der angereiste Unterhändler Q. Fabius tötete bei Verhandlungen einen Gallier, wurde nicht dafür bestraft, sondern sogar zum Militärtribun gewählt. Empört zog Gallierführer Brennus gegen Rom. (5,37,4–5; 5,38,5–8 m. Ausl.)

W Klären Sie die Bedeutungen folgender „kleiner Wörter" aus dem Text: *interim, ultro, deinceps, adeo, non modo ... sed etiam, ac, simul, paene, ne ... quidem.*

T Analysieren Sie anhand der Wort- und Sachfelder für Z. 1–8 und Z. 9–22, wie Gallier und Römer dargestellt werden.

G **Abl. abs. • Gen. partitivus • Abl. mensurae • Akk. der Richtung**

Übersetzen Sie: *Famā crudelitatis antecedente Galli timebantur. Galli plurimum terroris Romanis iniecerunt. Multo maior pars Romanorum arma abiecit. Pauci milites Romam fugerunt.*

15 Interim Galli postquam accepēre ultro honorem habitum violatoribus iuris humani elusamque legationem suam esse, flagrantes irā (cuius impotens est gens), confestim signis convulsis citatō agmine iter ingrediuntur. Ad quorum praetereuntium raptim tumultum cum exterritae urbes ad arma concurrerent fugaque agrestium fieret, Romam se ire magnō clamore significabant – quācumque ibant, equis virisque longe ac late fusō agmine immensum obtinentes loci. (...)

honōrem habēre m. Dat.: jdm. Ehre bezeugen – **violātor, ōris** m: Schänder – **flagrāre:** entbrannt sein **impotēns, entis** m. Gen.: einer Sache nicht Herr – **convellere** (PPP **convulsum**): aus der Erde reißen **citātus:** im Laufschritt – *K.* Cum ... urbēs ad tumultum (Gallōrum) raptim praetereuntium ... concurrerent, (Gallī) sē Rōmam īre sīgnificābant – **agrestis, is** m: Bauer **sīgnificāre:** zu erkennen geben **immēnsum locī obtinēre:** einen unermesslichen Raum besetzt halten

Die Schnelligkeit des gallischen Vorstoßes in Italien lässt Rom erzittern. Ein eilends ausgeführtes Militärmanöver missglückt und ein glücklicher Schachzug des Brennus bringt das römische Heer auf die Verliererstraße ...

In alterā acie nihil simile Romanis, non apud duces, non apud milites erat. Pavor fugaque occupaverat animos et tanta omnium oblivio, ut multo maior pars Veios in hostium urbem, cum Tiberis arceret, quam rectō itinere Romam ad coniuges ac liberos fugerent. Parumper subsidiarios tutatus est locus; in reliquā acie simul est clamor proximis ab latere, ultimis ab tergō auditus, ignotum hostem prius paene quam viderent, non modo non temptatō certamine, sed ne clamore quidem redditō integri intactique fugerunt; nec ulla caedes pugnantium fuit; terga caesa suōmet ipsorum certamine in turbā impedientium fugam. Circa ripam Tiberis, quō armis abiectis totum sinistrum cornu defugit, magna strages facta est, multosque imperitos nandi aut invalidos, graves loricis aliisque tegminibus, hausēre gurgites.

pavor, ōris: LW5 – **oblīviō, ōnis** m. Gen.: Vergessenheit – **Vēī, ōrum:** die Stadt Veji – **parumper** Adv.: für kurze Zeit – **subsidiāriī, ōrum** Pl.: Reservetruppen – **ā tergō:** LW9 **clāmōrem reddere:** Kampfgeschrei erwidern – **īntegrī, ōrum** Pl.: frische Truppen (prädikativ) – **intāctus:** ohne Feindberührung – **terga caedere:** von hinten verletzt werden – **suōmet:** verstärktes suō *K.* terga caesa (sunt) ... in turbā (eōrum, quī) fugam impediēbant

strāgēs, is f: Vernichtung *K.* gurgitēs hausērunt imperītōs ... aut invalidōs – **imperītus nandī:** ungeübt im Schwimmen **lōrīca:** Brustpanzer – **tegmen, inis** n: Bedeckung – **gurgitēs, um** m Pl.: die Wasserstrudel

1. Paraphrasieren Sie, wie Livius die Gallier darstellt. Erschließen Sie, welche Intentionen diese Schilderung haben könnte.
2. Beschreiben Sie, welches Bild die römischen Soldaten beim Aufeinandertreffen mit den Galliern abgeben. Stellen Sie aus dem Text alle für ein römisches Heer ungewöhnlichen Verhaltensmuster zusammen.
3. Der Duden definiert „Chauvinismus" als „aggressiv übersteigerten Nationalismus", bei dem sich Angehörige einer Nation überlegen fühlen und auf andere Nationen verächtlich hinabblicken. Nehmen Sie in einer Diskussion Stellung, ob man im Text Anhaltspunkte für eine solche Haltung des Livius den Galliern gegenüber finden kann.
4. Beschreiben Sie die Details des Bildes und erläutern Sie, mit welchen Klischees der Maler des 19. Jh.s antike Geschichte in Szene setzt.

i *Dies ater* an der Allia

Nach der Weigerung der Römer, den Mörder am gallischen Gesandten auszuliefern, zogen die Gallier gegen Rom. An der Allia, einem Nebenfluss des Tiber rund 10 km nördlich von Rom, versuchten sechs römische Legionen mit ca. 40 000 Mann die Gallier aufzuhalten - vergeblich: Die Gallier überrannten den rechten Heeresflügel, in dem sich vorwiegend junge, unerfahrene Soldaten befanden, und schlugen die Römer in die Flucht. Dieser Tag einer Niederlage gegen einen ausländischen Feind im eigenen Land ist als *dies ater*, als schwarzer Tag, in das kollektive Geschichtsgedächtnis der Römer eingegangen, zumal die Herzkammer des Reiches, Rom, nun offenstand.

Paul Joseph Jamin (1853–1903): Brennus und sein Beuteanteil, Museé des Beaux-Arts, La Rochelle

3.2 Die Gallier in Rom: Senatoren als Standbilder

Während auf dem Kapitol alles zur Verteidigung gegen die anrückenden Gallier vorbereitet wird, begeben sich die patrizischen Greise, allesamt ehemalige Inhaber bedeutender Staatsämter, in die Vorhallen ihrer Stadtpaläste. (5,41,1-4. 6-10 m. Ausl.)

W Wiederholen Sie Bedeutung und Stammformen folgender im Text vorkommender Deponentien: *tueri, morari, ingredi, intueri, oriri.*

T Betrachten Sie die Abbildung und versuchen Sie die dargestellte Situation und Personen anhand einiger Schlüsselbegriffe aus dem Text zu identifizieren.

G **Pc (vor-/gleichzeitig) • NcI • NcI mit Ellipse**
Übersetzen Sie: *Galli sine irā urbem ingressi ad forum perveniunt. Galli oculos in foro circumferentes nullos homines vident. Senex Gallo iram movisse dicitur. Deinde initium caedis ortum (esse) dicitur.*

16 Romae interim satis iam omnibus, ut in tali re, ad tuendam arcem compositis, turba seniorum domos regressi adventum hostium obstinatō ad mortem animō exspectabant. Qui eorum curules gesserant magistratūs, ut in fortunae pristinae honorumque aut virtutis insignibus morerentur, quae augustissima vestis est (...), eā vestiti mediō aedium eburneis sellis sedere.

Galli (...) sine ira, sine ardore animorum ingressi posterō diē urbem – patente Collinā portā – in forum perveniunt, circumferentes oculos ad templa deum arcemque solam belli speciem tenentem. (...) inde rursus ipsā solitudine absterriti, ne qua fraus hostilis vagos exciperet, in forum ac propinqua foro loca conglobati redibant; ubi eos, plebis aedificiis obseratis, patentibus atriis principum, maior prope cunctatio tenebat aperta quam clausa invadendi; adeo haud secus quam venerabundi intuebantur in aedium vestibulis sedentes viros, praeter ornatum habitumque humano augustiorem, maiestate etiam, quam vultus gravitasque oris prae se ferebat, simillimos dis. Ad eos velut simulacra versi cum starent, M. Papirius, unus ex iis, dicitur Gallo barbam suam, ut tum omnibus promissa erat, permulcenti scipione eburneo in caput incusso iram movisse, atque ab eo initium caedis ortum, ceteros in sedibus suis trucidatos; post principum caedem nulli deinde mortalium parci, diripi tecta, exhaustis inici ignes.

K. (Rēbus) omnibus interim satis ... compositīs, ut in tālī rē (fierī dēbet), seniōrēs (= turba seniōrum) domōs regressī ... exspectābant

quī eōrum: quī ex iīs – **magistrātūs curūlēs gerere:** höchste Staatsämter bekleiden – **ut:** final – *K.* ut in īnsīgnibus fortūnae ... honōrum ... virtūtis morerentur – **īnsīgne, is** n: LW12 – **eburnea sella:** Amtsstuhl aus Elfenbein – **ārdor, ōris:** Wut

porta Collīna: röm. Stadttor

circumferre oculōs: die Augen wandern lassen

sōlitūdō, inis: Stille

vagus: umherschweifend

conglobāre: zusammendrängen

K. ubī (= ibī) eōs ... māior ... cūnctātiō ... invādendī tenēbat

obserāre: verriegeln – **aperta / clausa** n Pl. *hier:* offene / verschlossene Häuser – **haud secus quam:** nicht anders als

venerābundus: voller Ehrfurcht

habitus, ūs: LW12 – **prae sē ferre** *hier:* ausstrahlen – **dīs** = deīs

K. Papīrius ... Gallō barbam suam ... permulcentī ... īram mōvisse dīcitur

barba: LW12 – **prōmissus:** lang herabhängend – **permulcēre:** streicheln – **scīpiō, ōnis** m: Stock

incutere (PPP **incussum**) **in:** schlagen auf – **trucīdāre:** niedermetzeln – *K.* exhaustīs (tēctīs) inicī ignēs – **exhaurīre** (PPP **exhaustum**): ausrauben – **ignēs inicere:** Feuer legen

1. Erklären Sie das beschriebene Verhalten der adligen Alten.
2. Arbeiten Sie anhand zentraler lateinischer Begriffe die Gefühlslage der Gallier beim Durchstreifen des menschenleeren Rom heraus.
3. Beschreiben Sie den Eindruck, den die römischen Greise auf die Gallier machen.
4. Erschließen Sie die Absicht hinter der Aktion des Galliers und interpretieren Sie die Reaktion des Papirius.
5. Diskutieren Sie unter Berücksichtigung des Endes,
   a) ob das Verhalten der Patrizier auch als kontraproduktiv gewertet werden kann,
   b) ob Livius hier subtile Kritik an der Ideologie des *exemplum virtutis* übt.
6. Vergleichen Sie präzise die Imagination eines Zeichners aus dem 19. Jh. mit der Darstellung bei Livius und nehmen Sie Stellung, ob Sie das Bild als gelungen ansehen.
7. Diskutieren Sie unter Einbeziehung von i 2 diese Form des Patriotismus und nennen Sie weitere Beispiele in Antike und Gegenwart.

i 1 Marcus Papirius Mugillanus

Marcus Papirius, dessen *gens* aus dem kleinen Ort Mugilla stammte, war Konsul des Jahres 411 v. Chr. gewesen. Die spätere historische Tradition zeichnete ihn als einen greisen Helden, der voller Todesverachtung seine Würde vor den gallischen Feinden wahrt und so als nachahmungswürdiger *senex triumphalis* in die Überlieferung eingegangen ist.

i 2 Römische Opferbereitschaft

Das eigene Leben für das Vaterland zu opfern, ist Kernbestandteil römischer Ideologie – *dulce et decorum est pro patria mori*, dichtet Livius' Zeitgenosse Horaz. Mit Horatius Cocles und Mucius Scaevola haben Sie Beispiele für diese Opferbereitschaft kennengelernt, die von den Märtyrern des frühen Christentums fortgeführt wurde: Sie nahmen für ihren Glauben den Tod auf sich.

Die Gallier in Rom, aus der *History of France* von F.P.G. Guizot, 1873

3.3 Camillus: Der Retter Roms

Eine Hungersnot auf dem Kapitol zwingt die belagerten Römer zu Kapitulationsverhandlungen. Dabei verlangen die Gallier nicht nur tausend Pfund Gold, sondern benutzen beim Abwiegen auch falsche Gewichte. Als sich die Römer beschweren, legt Brennus zusätzlich sein Schwert auf die Waage mit den Worten: *Vae victis!* Wehe den Besiegten! Da tritt der unerwartet aus dem Exil zurückgekehrte römische Diktator Camillus dazwischen. (5,49,1-7 m. Ausl.)

W Erklären Sie folgende Fremdwörter, indem Sie diese auf ihre lateinischen Grundbegriffe zurückführen: Prohibition, Negation, Patriotismus, defensiv, urban, Präparation, Relikt.

T Analysieren Sie nach einer Ihnen bekannten Methode den Satz Z. 5-8.

G **Abl. abs.**
Übersetzen Sie: *Camillus dictator: „Iussū magistratūs aurum Gallis datum est, sed iniussū meō. Recuperatā ex hostibus patriā gaudebimus."*

17 Sed dique et homines prohibuere redemptos vivere Romanos. Nam (...) priusquam infanda merces perficeretur, per altercationem nondum omni aurō appensō, dictator intervenit, auferrique aurum de mediō et Gallos submoveri iubet. Cum illi renitentes pactos dicerent sese, negat eam pactionem ratam esse, quae, postquam ipse dictator creatus esset, iniussu suo ab inferioris iuris magistratū facta esset, denuntiatque Gallis, ut se ad proelium expediant. Suos in acervum conicere sarcinas et arma aptare ferrōque (non aurō) recuperare patriam iubet, in conspectū habentes fana deum et coniuges et liberos et solum patriae deforme belli malis et omnia, quae defendi repetique et ulcisci fas sit. Instruit deinde aciem, ut loci natura patiebatur, in semirutae solo urbis et naturā inaequalī, et omnia, quae arte belli secunda suis eligi praepararive poterant, providit. Galli novā rē trepidi arma capiunt irāque magis quam consiliō in Romanos incurrunt. Iam verterat fortuna, iam deorum opes humanaque consilia rem Romanam adiuvabant. Igitur primō concursū haud maiore momentō fusi Galli sunt quam ad Alliam vicerant. (...)

dīque = et deī – **redemptus:** freigekauft (prädikativ) – **īnfandus:** unsäglich – **per altercātiōnem:** wegen der Uneinigkeit – **appendere** (PPP **appēnsum**): auszahlen
K. Cum illī renītentēs dīcerent sē pactōs (esse) – **renītī:** sich widersetzen – **pactiō, ōnis:** Vertrag
ratus: rechtskräftig
magistrātus īnferiōris iūris: ein Beamter von geringerem Dienstrang
acervus: Haufen – **sarcinae** Pl.: Soldatengepäck – **arma aptāre:** Waffen anlegen
fānum: Tempel
dēfōrmis, e: verwüstet
fās n: LW5
sēmirutus: halb zerstört
inaequālis, e: uneben – *K.* prōvīdit omnia secunda, quae arte bellī suīs (Dat. comm.) ēligī vel praeparārī poterant – **ēligere:** LW11
trepidus: LW9
incurrere: losstürmen
vertere *hier:* wechseln – **concursus, ūs** m: Aufeinandertreffen
mōmentum: Kraftaufwand

Im zweiten Aufeinandertreffen werden die Gallier endgültig von Camillus besiegt.

Dictator recuperatā ex hostibus patriā triumphans in urbem redit, interque iocos militares (quos inconditos iaciunt), Romulus ac parens patriae conditorque alter urbis haud vanis laudibus appellabatur.

triumphāre: als Triumphator einziehen – **inconditus:** ohne Zurückhaltung – **iacere:** äußern
conditor, ōris m: Gründer
vānus: leichtfertig

1. Erklären Sie, was Brennus mit dem Auflegen des Schwerts auf die Waage und seinem Ausspruch bezweckt.
2. Geben Sie wieder, mit welcher rechtlichen Argumentation Camillus die Abmachung mit den Galliern widerruft.
3. Die Römer haben den folgenden Grundsatz geprägt: *Pacta sunt servanda*. Diskutieren Sie, ob Camillus in seiner Argumentation dagegen verstößt. Wenn dem so ist, erläutern Sie, welches Licht Livius damit auf den Helden wirft.
4. Cicero zählt zu den Tugenden eines Feldherrn *scientia militaris*, *virtus*, *auctoritas* und *felicitas*. Überprüfen Sie, ob diese Kategorien auf die livianische Camillusfigur zutreffen.
5. Interpretieren Sie die dargestellte Situation und Personen der Illustration.

Marcus Furius Camillus

Im Geschichtswerk des Livius und in der augusteischen Epoche wird Camillus zu einer prägenden Leitfigur stilisiert, die den Galliern Paroli geboten haben soll. Historisch gesichert ist jedoch nur, dass er zwischen 401 und 394 v. Chr. mehrmals das jährlich wechselnde höchste Amt im römischen Staat innehatte und die etruskische Stadt Veji, Konkurrentin Roms, im Jahre 396 v. Chr. besiegte und einen Triumph feierte. Um seine Abwesenheit während des Galliersturms zu erklären, dichtete man ihm ein selbstgewähltes Exil in Ardea an, weil ihn Neider in Rom vor Gericht hätten zerren wollen. Spätere römische Schriftsteller aber ließen Camillus als Retter in höchster Not nach Rom zurückkehren, stellten ihn als Sieger über die Gallier und leuchtendes *exemplum* einer immer wieder zu vergegenwärtigenden Vergangenheit dar.

Paul Lehugeur: Brennus in Rom, Holzstich, Paris 1886

3.4 T. Manlius Torquatus: Römischer David gegen gallischen Goliath

Um das Jahr 361 v. Chr. verbreitete sich in Rom die Schreckensnachricht, dass ein gallisches Heer im Anmarsch sei. Rom war zwischen 390 und 386 v. Chr. schon einmal von einer gallischen Armee geplündert worden. Die schnell mobilisierten römischen Legionen traten den Galliern entgegen; beide Heeresverbände schlugen jeweils am gegenüberliegenden Ende der Brücke über den Fluss Anio ihre Lager auf. Nach einigen kleineren Gefechten wurde klar, dass der Kampf auf eine Pattsituation hinauslief. Um eine Entscheidung herbeizuführen, einigte man sich auf ein Stellvertreterduell zwischen einem gallischen und einem römischen Soldaten ... (7,10,7-11 m. Ausl.)

18 Corpus alteri magnitudine eximium, versicolori veste pictisque et auro caelatis refulgens armis; media in altero militaris statura modicaque in armis habilibus magis quam decoris species; non cantus, non exsultatio armorumque agitatio vana, sed pectus animorum iraeque tacitae plenum; omnem ferociam in discrimen ipsum certaminis distulerat.

Ubi constitere inter duas acies - tot circa mortalium animis spe metuque pendentibus - Gallus velut moles superne imminens proiecto laeva scuto in advenientis arma hostis vanum caesim cum ingenti sonitu ensem deiecit.

Romanus mucrone subrecto (...) ventrem atque inguina hausit et in spatium ingens ruentem porrexit hostem. Iacentis inde corpus ab omni alia vexatione intactum uno torque spoliavit, quem respersum cruore collo circumdedit suo.

Der eine hatte einen Körper von herausragender Größe, strahlend in seiner buntschillernden Rüstung, den bemalten und mit Gold ziselierten Waffen. Beim anderen sah man eine mittelgroße soldatische Statur und ein bescheidenes Äußeres mit eher handlichen als schmucken Waffen. Kein Schlachtgesang, kein Jubel und kein eitles Fuchteln mit den Waffen, sondern ein Herz voll Mut und schweigsamer Wut. Jegliche Wildheit hatte er für den kritischen Moment des Kampfes selbst aufgehoben. Sobald sie sich zwischen beide Schlachtreihen gestellt hatten - wobei ringsum die Gemüter so vieler Menschen zwischen Furcht und Hoffnung schwankten -, warf der Gallier sein Schild von der Linken und ließ wie ein von oben drohender Felsblock hiebweise sein Schwert mit gewaltigem Krachen wirkungslos auf die Waffen des nahenden Feindes niedersausen. Der Römer schlitzte mit nach oben gerichteter Schwertspitze dessen Bauch und Unterleib auf und streckte den eine riesige Fläche mit seinem Sturz bedeckenden Feind nieder. Dann erleichterte er den von jeglicher anderen Misshandlung unberührten liegenden Leichnam einzig um eine Halskette, die er, blutbespritzt, wie sie war, um seinen Hals legte. (Übersetzung: M. Lobe)

◊ **1.** Vergleichen Sie die unterschiedliche Darstellung der beiden Kontrahenten (Z. 1-9). Arbeiten Sie mit Belegen heraus, wie Livius hier Leserlenkung betreibt. Beziehen Sie in Ihre Überlegungen die Kapitelüberschrift mit ein.

◊ **2.** Beschreiben Sie die Emotionalisierung und Bildhaftigkeit der Kampfschilderung. Interpretieren Sie Ihren Befund.

◊ **3.** Erschließen Sie aus dem Text die Herkunft des *cognomen* Torquatus.

4. Vergleichen Sie das Original mit der Übersetzung. Zeigen Sie an drei selbstgewählten Beispielen freiere Übertragungen auf und beurteilen Sie diese. Entwickeln Sie ggf. alternative Übersetzungsvorschläge.
5. Erklären Sie mithilfe von i den letzten Satz des Textes und die Details des Gemäldes genau.

i Die Spoliierung

Unter Spoliierung (lat. *spoliare* „berauben") versteht man den Akt des Waffenraubs: Der siegreiche Krieger nimmt seinem unterlegenen, getöteten Gegner die Waffen oder die Rüstung bzw. Teile davon ab. *Spolia opima* (reiche Beute) ist in der Zeit der römischen Republik die Bezeichnung für eine durch einen römischen Heerführer eigenhändig im Zweikampf erbeutete Rüstung eines besiegten feindlichen Feldherrn. In der römischen Geschichte gelang dieses Kunststück nur wenigen Feldherren, u.a. Romulus, der dem gegnerischen König Acron die Rüstung abnahm und sie im Tempel des Jupiter Feretrius ausstellte (→ Abb.). Eine literarisch berühmte Spoliierung findet sich in Vergils *Äneis*: Turnus tötet den unter der Obhut des Äneas stehenden Pallas und nimmt dessen Waffengürtel (*balteus*) an sich. Im finalen Zweikampf zwischen Turnus und Äneas fällt der Blick des Trojaners auf den Waffengürtel bei seinem Gegner – der Waffengürtel wird zum Auslöser für den Zorn des Äneas und die Tötung des Turnus.

Jean-Auguste-Dominique Ingres (1780–1867): Romulus, der Sieger über Acron, trägt die reiche Beute in den Zeustempel

Interpretieren (*interpretari* „erklären, auslegen") heißt, den Bedeutungsgehalt eines Textes in seiner Vielschichtigkeit zu erfassen. Das erfolgt in **zwei Schritten:** Am Anfang sollte eine knappe, präzise formulierte **strukturierte Wiedergabe des Inhalts bzw. des Gedankengangs stehen (Paraphrase)** – so entsteht eine **grobe Übersicht.**

Im Anschluss daran erfolgt die **detallierte Untersuchung sprachlicher und stilistisch-formaler Auffälligkeiten** des Textes – **die Feinanalyse.**

Das bloße Benennen eines Stilmittels oder einer sprachlichen Besonderheit trägt nichts zum Verständnis des Textes bei; stets muss die jeweilige Funktion für die Textaussage herausgearbeitet werden. Dabei müssen alle Behauptungen durch Zitate aus dem Text unter Angabe der Zeile belegt werden.

Eine Interpretation erfolgt oft im Unterrichtsgespräch; in der Klausur schriftlich. Für beide Formen empfiehlt sich folgende Vorgehensweise:

Tipp

Untergliedern Sie den Text zunächst in **Sinnabschnitte**, die Sie mit **selbstformulierten Überschriften** sowie der **genauen Zeilen- bzw. Versangabe** versehen. Markieren Sie dann mit verschiedenfarbigen Stiften einzelne Textelemente nach von Ihnen ausgewählten **Untersuchungskriterien**, etwa auffällige **Stilmittel, Häufung bestimmter Wortfelder, zu erklärende Metaphern** etc. Keinesfalls geht es dabei um Vollständigkeit: Sie sollten z.B. nicht alle Stilmittel heraussuchen, sondern wenige aussagekräftige, deren Funktion für die Textaussage Sie deutlich machen sollten.

Bsp.: Interpretation von Text 2.1

Schritt 1: Grobübersicht durch strukturierte Wiedergabe des Inhalts

Z. 1–9: Sextus überfällt Lucretia und versucht sie zunächst mit Liebesschwüren, schließlich mit Drohungen zum Beischlaf zu bewegen.

Z. 9–13: Nach der Vergewaltigung schickt Lucretia Boten zu ihrem Vater und ihrem Ehemann.

Z. 14–22: Nach der Ankunft von Lucretias Vater, Ehemann und Brutus berichtet Lucretia von der Vergewaltigung, erklärt ihre Unschuld und verlangt von den Männern einen Schwur, Rache an Sextus zu üben.

Z. 22–25: Die Männer schwören und erkennen die Unschuld Lucretias an.

Z. 25–27: Lucretia kündigt ihren Selbsttod an.

Z. 28–30: Lucretia sticht sich den Dolch ins Herz.

Schritt 2: Feinanalyse sprachlicher und stilistischer Auffälligkeiten

Der nächtliche Überfall auf Lucretia durch den Königssohn wird in kurzatmiger Parataxe und mit der Angabe des Nötigsten geschildert: Schweigegebot, Namensnennung, Verweis auf den Dolch und Drohung, wenn Lucretia nicht gehorche (Z. 1f.). Die Atemlosigkeit der Attacke bildet sich in der asyndetischen Reihung der historischen Infinitive mit zunehmenden Gliedern ab (*fateri amorem, orare, miscere precibus minas, versare in omnes partes*, Z. 4f.). Der Königssohn wird als ebenso anmaßender wie gewalttätiger Charakter gezeigt, der mit dem Messer in der Hand zunächst wie ein romantischer Liebhaber seine Liebe gesteht und um deren Erfüllung bittet, bei Misserfolg aber sogleich zu Drohungen greift. Mit welch hinterhältiger Berechnung und Kaltblütigkeit er sein Ziel zu erreichen sucht, zeigt die Drohung, er werde Lucretia bloßstellen, indem er auf ihre Leiche einen nackten Sklaven legen werde, um den Eindruck ihrer sexuellen Triebhaftigkeit und Treulosigkeit zu erwecken - eine perfide Umkehrung der Realität, die Livius stilistisch durch die Häufung des dunklen u-Vokals und das Homoioteleuton unterstreicht (*iugulatum servum nudum positurum*, Z. 7f.).

Die eigentliche Vergewaltigung wird auf eine abstrakte Ebene verlegt, indem die beiden beteiligten Personen metonymisch mit den sie leitenden Prinzipien gleichgesetzt werden: Triebhafte Gewalt (alliterierend *velut vi victrix libido*, Z. 9f.) siegt über hartnäckige Schamhaftigkeit (*obstinatam pudicitiam*, Z. 9). Das Epitheton *ferox* und die Wahl des Verbs *expugnare* wecken Assoziationen an einen brutalen Städteeroberer (Z. 10) - eine Assoziation, die Livius in der Rede Lucretias weiterspinnt, wenn sie den Landsmann Sextus explizit als Landesfeind (*hostis*, Z. 20) bezeichnet. Ihre Rede ist zum einen Bekräftigung eigener Unschuld, wie sie sich in der antithetischen Gegenüberstellung von beflecktem Körper (*corpus ... violatum*, Z. 18) und unschuldigem Gemüt (*animus insons*, Z. 18) zeigt, zum anderen Anstachelung zur Rache am Königssohn durch die Einforderung einer Schwurverpflichtung der anwesenden Männer (*date dexteras fidemque*, Z. 19) und einen Appell an echten Mannesmut (*si vos viri estis*, Z. 21). Die Männer entsprechen beiden Aspekten ihrer Rede, indem sie Lucretia von Schuld freisprechen und Rache schwören (Z. 22).

Der Höhepunkt der Erzählung liegt in der unerwarteten Pointe, dass Lucretia, obschon sie ohne Verlust ihrer sozialen Ehre weiterleben könnte, den Selbstmord vorzieht - stilistisch hervorgehoben mit dem durch Homoioteleuta klanglich unterstützten Parallelismus *Ego me etsi peccato absolvo, supplicio non libero* (Z. 26f.). Lapidar schildert der Erzähler den Selbsttod mit Dolchstich ins Herz (Z. 28f.), sofortigem Tod (Z. 29) und entsetztem Aufschrei von Ehemann und Vater (Z. 29f.). Die exponierte Stellung des Akkusativobjekts *cultrum* zu Beginn des Satzes (Z. 28) lässt die geschilderte Gewalt im Symbol des Dolches kulminieren: Er war Ausgangspunkt der Vergewaltigung und ist am Ende Instrument der Selbsttötung Lucretias.

LW 2	
lābī, lābor, lāpsus sum	gleiten, fallen
dōnec Subj.	bis
remedium	das Heilmittel
praecipuē Adv.	insbesondere
lūxuria	die Verschwendungs-sucht
paupertās, ātis f	die Armut
dēsīderium (+ Gen.)	die Sehnsucht (nach)
lūxus, ūs m	die Verschwendungs-sucht
querēla	die Klage
ōmen, inis n	das Vorzeichen
successus, ūs m	der Erfolg

LW 4	
scindere, scindō, scidī, scissum	zerreißen
dirimere, dirimō, dirēmī, dirēmptum	trennen, unterbrechen
hinc ... hinc	auf dieser Seite ... auf der anderen Seite
nefandus, a, um	unsäglich, abscheulich
socer, socerī m	der Schwiegervater
gener, generī m	der Schwiegersohn
parricīdium	der Mord (an einem nahen Verwandten)
prōgeniēs, ēī f	die Nachkommenschaft
mē piget alicuius reī	ich schäme mich für eine Sache
viduus, a, um	verwitwet
orbus, a, um	verwaist, beraubt
cum ... tum	sowohl ... als auch (besonders)
silentium	die Stille, das Schweigen
quiēs, quiētis f	die Ruhe
prōdīre, prōdeō, prōdiī, prōditum	vortreten, vorrücken

LW 5	
mānāre	sich verbreiten
pavor, ōris m	die Furcht
cōntiō, ōnis f	die (Volks-) Versammlung
dēlābī, dēlābor, dēlāpsus sum	hinabgleiten
sē obvium dare	sich zeigen
perfūsus, a, um m. Abl.	durchströmt mit, ganz erfüllt von
horror, ōris m	der Schauder, das Entsetzen
fās n indekl.	das göttliche Recht; die heilige Pflicht
caelestēs, tium m Pl.	die Götter, die Himmlischen
rēs mīlitāris, reī mīlitāris	das Kriegswesen, das Kriegshandwerk

LW 6	
hortus	der Garten
inambulāre	auf- und abgehen
baculum	der Stab, der Stock
fessus, a, um	müde, erschöpft
prīmōrēs, prīmōrum m Pl.	die Ersten, die bedeutendsten Männer
crīmināre	klagen, beschuldigen
interimere, interimō, interēmī, interēmptum	töten, aus dem Weg räumen
crīminātiō, ōnis f	die Beschuldigung, die Verleumdung
absēns, absentis	abwesend
largītiō, ōnis f	die reiche Schenkung
adimere, adimō, adēmī, ademptum	wegnehmen, rauben
dīmicātiō, ōnis f	der gefährliche Kampf, das Risiko

LW 7	
minae, ārum f Pl.	die Drohungen
obstinātus, a, um	hartnäckig
pudīcitia	die Schamhaftigkeit
ferōx, ōcis	zügellos, wild
maestus, a, um	traurig, bedrückt
cubiculum	das Schlafzimmer
cēterum	*bei Livius:* aber
adulter, erī m	der Ehebrecher
cōnsōlārī	trösten
impudīcus, a, um	schamlos
abdere, abdō, abdidī, abditum	verbergen
moribundus, a, um	dem Tod geweiht

LW 8	
cruor, ōris m	das Blut
stirps, stirpis f	die Brut
maestitia	die Trauer
iners, ertis	nutzlos
voluntārius, a, um	freiwillig
tumultus, ūs m	der Aufruhr, der Lärm, das Chaos
anteīre, anteeō, anteiī	vorangehen
atrōx, atrōcis	wild, abscheulich

LW 9	
trepidus, a, um	ängstlich
ā tergō	im Rücken, hinter sich
prōvocāre	herausfordern
cūnctārī	zögern
subitus, a, um	plötzlich
propitius, a, um	günstig, gewogen
dēsilīre, dēsiliō, dēsiluī, dēsultum	herabspringen
trānāre	hinüberschwimmen

LW 10	
vādere	gehen
decus, oris n	die Zierde, die Ehre
discrīmen, inis n	die höchste Gefahr
bellum indīcere	Krieg erklären
properē Adv.	eilends
vīlis, e	wertlos
attonitus, a, um	erschüttert
cōgnōmen, inis n	der Beiname

LW 11	
castra locāre	ein Lager aufstellen
ōrātor, ōris m	der Unterhändler
utrimque Adv.	auf beiden Seiten
pīgnus, oris n	das Unterpfand
ēligere, ēligō, ēlēgī, ēlēctum	auswählen
potissimum Adv.	hauptsächlich
equestris, e	Reiter-

LW 12	
imminēre	bevorstehen
dīmicāre	kämpfen
īnsīgne, is n	das Abzeichen, das Rangabzeichen
foedus, a, um	hässlich
habitus, ūs m	das Aussehen, die Gestalt
barba	der Bart
capillus	das Haar
miserārī	bemitleiden
aliquot	einige, ziemlich viele
populātiō, ōnis f	die Verwüstung
crēditor, ōris m	der Kreditgeber, der Gläubiger
sēditiō, ōnis f	der Aufstand

LW 13	
violentia	die Gewalt
tranquillus, a, um	ruhig
ministerium	der Dienst
dēns, dentis m	der Zahn
vigēre, vigeō, viguī	Kraft haben
vēna	die Ader

LW 14	
īnspērātus, a, um	unerwartet
obsidēre, obsideō, obsēdī, obsessum	belagern
cōnsēnsus, ūs m	die Übereinstimmung
trāns (+ Akk.)	jenseits
fossa	der Graben
agrestis, e	ländlich
in vicem	wechselweise
admīrārī	sich wundern
pulvis, eris m/f	der Staub
expōnere, expōnō, exposuī, expositum	berichten, darlegen

LW 15	
ēlūdere, ēlūdō, ēlūsī, ēlūsum	verspotten
cōnfestim Adv.	eiligst
raptim Adv.	hastig
longē ac lātē Adv.	weit und breit
arcēre, arceō, arcuī	abwehren
tūtārī	schützen
certāmen, inis n	der Wettkampf, der Kampf
circā Präp. m. Akk.	ringsum, um ... herum
abicere, abiciō, abiēcī, abiectum	wegwerfen
invalidus, a, um	geschwächt

LW 16	
regredī, regredior, regressus sum	zurückkehren
augustus, a, um	ehrwürdig
vestīre	kleiden
fraus, dis f	die List
hostīlis, e	feindlich
cūnctātiō, ōnis f	das Zögern
vestibulum	der Eingang
māiestās, ātis f	die Erhabenheit
gravitās, ātis f	die Würde
dīripere, dīripiō, dīripuī, dīreptum	plündern

LW 17	
submovēre, submoveō, submōvī, submōtum	wegschaffen, entfernen
pacīscī, pacīscor, pactus sum	vereinbaren
creāre	wählen
expedīre	sich bereit machen
recuperāre	zurückerobern
solum	der Boden
ulcīscī, ulcīscor, ultus sum	sich rächen
adiuvāre	unterstützen

Eigennamenverzeichnis

Acca Lārentia, ae Acca Larentia, Frau des Hirten Faustulus; zog mit ihm zusammen Romulus und Remus auf

Aenēās, ae m Äneas, trojanischer Held, Sohn der Venus und des Anchises; Stammvater der Römer; musste nach der Zerstörung Trojas mit seinem Vater, seinem Sohn Ascanius und seinen Gefährten lange Irrfahrten bestehen, bis er zu der von den Göttern geweissagten neuen Heimat Italien gelangte

Alba Longa, ae Alba Longa, von Äneas' Sohn Ascanius gegründete Stadt, nachdem Lavinium – die alte Hauptstadt der trojanischen Einwanderer – zu klein geworden war; blieb Hauptstadt, bis Romulus Rom gründete

Albānī, ōrum Bewohner der Stadt Alba Longa in Latium

Allia, ae Allia, Fluss in der Nähe von Rom. In der Schlacht an der Allia wurden die Römer 387 v. Chr. von den Galliern besiegt; die Römer bezeichneten die Schlacht an der Allia fortan als *dies ater*

Amūlius, ī Amulius, König von Alba Longa; vertrieb seinen älteren Bruder Numitor und tötete dessen Söhne; Numitors Enkel, Romulus und Remus, töteten später Amulius und gaben Numitor die Herrschaft zurück

Ascanius, ī Ascanius bzw. Julus, Sohn des Äneas, Gründer von Alba Longa

Aventīnum, ī der Aventin, einer der sieben Hügel Roms; dort weideten der Sage nach Amulius und Numitor ihre Herden und dort stellten Romulus und Remus die Vogelschau für die Gründung Roms an

Brennus, ī Brennus, gallischer Heerführer im 4. Jh. v. Chr.

Capitōlium, ī das Kapitol, einer der sieben Hügel Roms; heiligster Ort Roms, hier stand der Tempel des Iuppiter Optimus Maximus

Cloelia, ae Cloelia, als Geisel an Porsenna ausgeliefert und aus etruskischer Lagerhaft geflohen

Collātia, ae Collatia, alte sabinische Stadt östlich von Rom, Heimat der Lucretia und des Collatinus

Curēs, ium Cures, alte sabinische Stadt ca. 25 km nördlich von Rom; nach der Verschmelzung der Sabiner mit den Römern wurde das Mischvolk der Römer nach dieser Stadt Quirites genannt

Etruscī, ōrum die Etrusker, Volk im nördlichen Mittelitalien; ab dem 7. Jh. v. Chr. beherrschten die Etrusker zusammen mit den verbündeten Karthagern das westliche Mittelmeer; sie expandierten im Süden bis nach Kampanien, im Norden bis an den Rand der Alpen; die Etrusker beherrschten auch Rom; im 6. Jh. jedoch wurden die etruskischen Herrscher – die Tarquinier – aus Rom vertrieben; damit begann der allmähliche Niedergang der Etrusker: Zug um Zug eroberten die Römer die etruskischen Städte bzw. schlossen Bündnisverträge mit ihnen; die Römer haben viele Elemente der etruskischen Kultur und Religion übernommen

Faustulus, ī Faustulus, Hirte, der die ausgesetzten Zwillinge Romulus und Remus fand und gemeinsam mit seiner Frau Acca aufzog

M. Fūrius Camillus, ī Camillus, röm. Feldherr und Staatsmann im 4. Jh. v. Chr.; nach dem gallischen Sieg über die Römer an der Allia 387 v. Chr. und der Plünderung Roms durch die Gallier soll er zum Diktator ernannt worden sein; der Sage nach versammelte er ein Heer und vertrieb die Gallier aus Rom

Gabiī, ōrum Gabii, Stadt in Latium ca. 20 km östlich von Rom; der Legende nach von Siedlern aus der Vorgängerstadt Alba Longa gegründet

Gallicus, a, um gallisch, keltisch (in der röm. Wahrnehmung wurden fast alle Kelten als „Gallier" bezeichnet)

Horātius Coclēs, Horātiī Coclitis Horatius Cocles, Held der röm. Frühzeit; die Sage berichtet, dass durch seinen Einsatz am *pons sublicius* die Stadt Rom vor einer Eroberung durch die Etrusker bewahrt wurde

Iāniculum, ī Ianiculum, Hügel Roms am rechten Tiberufer

L. Iūnius Brutus, ī Lucius Junius Brutus, Freund des Collatinus und seiner Frau Lucretia; um 500 v. Chr. Anführer der Verschwörer gegen den letzten etruskischen König Tarquinius Superbus; Brutus wurde zusammen mit Collatinus erster röm. Konsul der jungen Republik

Latīnī, ōrum Stamm der Latiner, die in Mittelitalien siedelten

Lāvīnium, ī Lavinium, Stadt in Latium; von Äneas gegründet und nach seiner Ehefrau Lavinia benannt

Lucrētia, ae Lucretia, Frau des Collatinus; wurde von Sextus Tarquinius vergewaltigt, was die Vertreibung der etruskischen Tarquinier als Herrscher von Rom nach sich zog

T. Mānlius Torquātus, ī Titus Manlius Torquatus, Konsul 340 v. Chr.; zusammen mit P. Decius Mus besiegte er die Latiner

Menēnius Agrippa, ae m Menenius Agrippa, röm. Patrizier, der zur Zeit der Ständekämpfe mit diplomatischem Geschick die aus Rom ausgewanderten Plebejer wieder nach Rom zurückholte

C. Mūcius Scaevola, ae m Mucius Scaevola, Held der Frühzeit, der vor dem etruskischen König Porsenna seine Hand in einem Kohlebecken verbrennen ließ, um ihm die Tapferkeit der jungen Römer vor Augen zu führen

Numitor, ōris Numitor, König von Alba Longa, Vater der Rea Silvia; wurde von seinem jüngeren Bruder Amulius abgesetzt; Romulus und Remus, die Zwillingssöhne seiner Tochter Rea Silvia, rächten dieses Verbrechen und gaben ihrem Großvater die Herrschaft zurück

Octāvius, ī Gaius Octavius, Großneffe und Adoptivsohn Julius Cäsars; kämpfte nach Cäsars Tod mit Marcus Antonius um die Alleinherrschaft; 31 v. Chr. Sieg in der Schlacht bei Actium; 27 v. Chr. verlieh ihm der Senat den Ehrentitel Augustus

Palātium, ī (mōns Palātīnus) der Palatin, einer der sieben Hügel Roms; ältester besiedelter Teil der Stadt; viele prominente Römer, später die Kaiser, hatten hier ihre Häuser, die man *palātia* nannte; davon leitet sich das deutsche Wort „Palast" her

Porsenna, ae Lars Porsenna, etruskischer König, der für den aus Rom vertriebenen Tarquinius Superbus vor Rom zog

Prōculus Iūlius, ī Proculus Iulius, der Legende nach der Römer, der seinen Landsleuten nach dem Verschwinden des Romulus von dessen Gottwerdung und Auffahrt in den Himmel berichtete

L. Quīnctius Cincinnātus, ī Lucius Quinctius Cincinnatus, röm. Politiker der Frühzeit, der sein Diktatorenamt vorbildlich nach getaner Pflicht für den Staat abgab und sich auf sein Landgut zurückzog

Quirītēs, ium m Pl. Quiriten, Bezeichnung für röm. Bürger

Remus, ī Remus, Zwillingsbruder des Romulus und von ihm der Sage nach erschlagen

Rōmulus, ī Romulus, Gründer und erster König Roms im 8. Jh. v. Chr.; Zwillingsbruder des Remus

Sabīnī, ōrum die Sabiner, Bewohner des Berglandes nördlich von Rom; wurden – wegen des in Rom herrschenden Frauenmangels – auf Geheiß des Romulus ihrer Töchter beraubt

Sextus Tarquinius, ī Sextus Tarquinius, Sohn des Tarquinius Superbus; vergewaltigte Lucretia und löste damit die Vertreibung der Tarquinier als Herrscher von Rom aus

Sp. Lucrētius, ī Spurius Lucretius, Vater der von Sextus Tarquinius missbrauchten Lucretia

Lūcius Tarquinius Collātīnus, ī Lucius Tarquinius Collatinus, Ehemann der Lucretia, die von Sextus Tarquinius vergewaltigt wurde, was die Vertreibung der Tarquinier aus Rom auslöste

Lūcius Tarquinius Superbus, ī Tarquinius Superbus, siebter und letzter König Roms, wurde wegen seiner Grausamkeit 509 v. Chr. gestürzt; dieses Datum gilt als Gründungsjahr der römischen Republik

Tiberis, is m der Tiber, Fluss, der durch Rom fließt; Hauptfluss in Mittelitalien, natürliche Grenze zwischen Etrurien und Latium

Alliteration	Wiederholung des Anlauts bei aufeinander folgenden Wörtern → Betonung durch akustischen Reiz	*Agi deinde de concordia coeptum, concessumque in condiciones* (T 13, Z. 24f.)
Anapher	unveränderte Wiederholung eines Wortes bzw. einer Wortgruppe am Anfang von Sätzen oder Satzteilen → Verdeutlichung, Gedankenführung	*Nullam aciem, nullum proelium timueris.* (T 10, Z. 13)
Antithese	wichtige Wörter oder Wortgruppen werden als Gegensatz einander gegenübergestellt → Verdeutlichung und scharfe Charakterisierung wesentlicher Begriffe bzw. Themen	*foedum inceptu, foedum exitu* (T 2, Z. 11)
Apostrophe	der Autor spricht eine nicht anwesende Person oder Sache direkt an → Verlebendigung der Rede	*Operae pretium est audire, qui omnia prae divitiis humana spernunt.* (T 14, Z. 6f.)
Asyndeton	unverbundene Reihung von Wörtern, Satzteilen oder ganzen Sätzen, die nur durch ein Komma getrennt aneinandergefügt werden → „Einhämmerung"	*Tarquinius fateri amorem, orare, miscere precibus minas, versare in omnes partes muliebrem animum* (T 7, Z. 4f.)
Chiasmus	einander entsprechende Wörter oder Wortgruppen sind in Über-Kreuz-Stellung spiegelbildlich angeordnet, oft verbunden mit einer Antithese → Betonung eines Gegensatzes durch direkte Gegenüber- bzw. Randstellung der aufeinander bezogenen Kontrastbegriffe	*nunc singulos* (A) *provocare* (B), *nunc increpare* (B) *omnes* (A) (T 9, Z. 14)
Constructio ad sensum	eine syntaktische Konstruktion, in der das Prädikat in Kongruenz mit dem Sinn, nicht mit der Form des Subjekts steht	*Pro se quisque scelus regium ac vim queruntur.* (T 8, Z. 14f.); *Hoc tibi iuventus Romana indicimus bellum.* (T 10, Z. 12)
Ellipse	Auslassung eines vom Sinn her selbstverständlichen und somit leicht zu ergänzenden Wortes → Prägnanz, Tempo, Dynamik	*Sciscitantibus, unde ille habitus, unde deformitas (esset).* (T 12, Z. 15f.)
Gleichnis	ausführlicher Vergleich → Vergegenwärtigung; Verständnishilfe	*Comparando hinc, quam intestina corporis seditio similis esset irae plebis in patres.* (T 13, Z. 22–24)
Hendiadyoin („eins durch zwei")	ein Gedanke oder Begriff wird durch zwei Elemente wiedergegeben → Verstärkung oder Betonung der Gleichrangigkeit zweier Begriffe	*suō labore ac ministeriō* (T 13, Z. 13)
Hyperbaton	grammatisch zusammengehörige Wörter sind durch einen Einschub getrennt → besondere Betonung der einrahmenden oder eingerahmten Wörter; gedankliche Klammer	*circumferens inde truces minaciter oculos* (T 9, Z. 13)
Hyperbel	Übertreibung → Intensivierung, Hervorhebung; oft ironisch	*tutioremque in bello quam in pace et inter hostes quam inter cives libertatem plebis esse* (T 12, Z. 5f.)
Klimax	stufenweise Steigerung, meist in Dreierformel → starke Betonung v.a. des letzten Begriffs	*ferro, igni, quacumque dehinc vi possim* (T 8, Z. 5f.)

Metapher	übertragene, meist bildhafte Verwendung eines Begriffs → Veranschaulichung, Konkretisierung, Präzisierung	*parens patriae* (T 17, Z. 23)
Metonymie	„Begriffsvertauschung“: Das eigentliche Wort wird durch ein anderes ersetzt, das zu ihm in einer logischen Beziehung steht, häufig als *pars pro toto* → meist konkretisierend und Assoziationen weckend	*Quō terrore cum vicisset obstinatam pudicitiam velut vi victrix libido.* (T 7, Z. 9f.)
Oxymoron	„scharfsinniger Unsinn“: Verbindung sich vordergründig widersprechender Begriffe zu einer (griffigen) Einheit → Verblüffung, Nachdenklichkeit	*pestiferum hinc abstulit gaudium* (T 7, Z. 21f.)
Parallelismus	parallele Abfolge von Wortgruppen → Hervorhebung gegenübergestellter Begriffe, oft in linearem Gedankengang, teils antithetisch	*irā infensus periculōque conterritus* (T 10, Z. 14f.)
Parenthese	Einschub, ohne syntaktische Verbindung mit dem Kontext → ergänzender, kommentierender Gedanke	*ut loci natura patiebatur* (T 17, Z. 13)
Paronomasie	Wortspiel, das auf einer Klangähnlichkeit beruht; Wörter mit ähnlichem Klang, aber unterschiedlicher Bedeutung → Betonung durch akustischen Reiz, meist eingängig und griffig	*hostis pro hospite* (T 7, Z. 20); *metūque mutuō suspensa erant omnia* (T 13, Z. 1f.)
Personifikation	Sachen und Begriffe werden als Personen dargestellt → Veranschaulichung, Belebung	*Tiberine pater* (T 9, Z. 24)
Polyptoton	Wiederholung desselben Wortes in anderer Flexionsform → Betonung	*Hostis hostem occidere volui.* (T 10, Z. 6)
Trikolon	Dreigliedrigkeit, oft verbunden mit Klimax und Asyndeton → emphatische Verstärkung	*nunc iure belli liberum te, intactum inviolatumque hinc dimitto* (T 10, Z. 24f.)
Vergleich	Gegenüberstellung zweier Gegenstände mithilfe der Vergleichspartikel „wie“ (*ut, velut*) → Veranschaulichung, Präzisierung	*Gallus velut moles superne imminens* (T 18, Z. 12f.)